本屋を守れ

読書とは国力

藤原正彦
Fujiwara Masahiko

PHP新書

まえがき

小学校四年生のころ、デ・アミーチス作の『クオレ』を読んだ。イタリアの小学校の日常を通して、勇気、友情、惻隠《そくいん》、卑怯を憎む心、家族愛、祖国愛などを描いた名作である。

腕力のあるガルローネ少年が、貧しい行商人の息子がいじめられるのを力ずくで守る、などという話にいたく感激し、「弱い者は身を挺してでも守る」はすぐに実行に移したほどだった。中に感動の物語がいくつか挿入されていて、「母を尋ねて三千里」では親子の情愛に、「難破船」では自己犠牲の美しさに涙を流しながら何度も読み返した。「パドヴァの少年愛国者」では祖国愛に打たれた。これらは半世紀余りたったいまも私の胸に息づいている。

ここ十数年ほど、私は繰り返しグローバリズムを批判してきている。『クオレ』で強烈に植えつけられた惻隠、卑怯を憎む心、祖国愛などの情緒が、私にグローバリズム反対を叫ばせている。

私は政治、経済、教育などについて、本に書いたりしばしば講演で話したりするが、高邁な思想からではなく、児童書『クオレ』により吹き入れられた情緒から語っている。むろん、これら情緒は『クオレ』以後に読んだ詩、物語、小説、映画などにより補強され、恋愛や失恋や片思い（私の専門）、そして悲しい別れなどの実体験で色づけられ、深められている。

ただ、一人の人間の生涯における実体験は限られているから、判断力や大局観の中枢ともいえる情緒の獲得は、その大部分を読書に負うている。

私は大学から大学院にかけての八年間ほど、昼夜を問わず数学を阿修羅のごとく考えていたから、本を読む暇は一秒もなかった。大学からの帰り、吉祥寺で電車を降りると駅そばに四軒の本屋があって、仕事や学校帰りの人びとでいつも黒山だった。私はこの黒山を見るのが少々つらかった。人間として最も高貴な活動の一つである読書を断ったままでいる罪悪感、そして惨めさに襲われるからだった。

そして、黒山を横目で見ながら「いまに見ていろ。時が来たら思う存分、読んでやる」と誓うのだった。

私だけでなく、多忙に追われる多くの日本人が黒山を横目に、似た感情をもっていただろう。駅前の本屋とは、人びとに文化の存在を知らせる、という点で町の文化の拠点だったのである。江戸中期に長崎・出島に医師として滞在したドイツ人医師ケンペルは、「日本人はみな字が読める」と書いている。江戸末期の識字率は九〇％ともいわれ、断トツの世界一である。江戸には八〇〇軒、京都には二〇〇軒の本屋があったという。読書こそがわが国の国柄であり、じつは隠れた国力であったのだ。文明の大いに後れたこの小さな島国が、維新後三十余年にして列強に仲間入りしたのも、自然科学のノーベル賞を二四も取っているのも、この真の国力があったからである。

その国力を支えた読書、読書を支えた本屋は、二十年前に比べいまや半数以下と急減している。黒山もなくなり、町の文化の拠点が失われた。ネット書店は目に見えないがゆえに、町の文化の拠点とはなりえないのだ。スマホにうつつを抜かす人びとを読書に向かわせること、そのためにあらゆる手段を用いて本屋を守ることが必要と思う。本書は、その想いを汲《く》んでくれた月刊『Ｖｏｉｃｅ』によるインタビューをまとめ、手を加えたものである。

本屋を守れ

目次

まえがき　3

一、国語力なくして国力なし

論理的思考でさえ国語で育つ　16
涙とともに胸にしまい込む読書　20
先生や親では教えられない　26
唯一、時空を超えさせるもの　30

二、読解力急落、ただ一つの理由

中国の不正をなぜ許すのか　38

パソコンでの解答方式に慣れていないから？　40
ゆとり教育からフィンランド方式への迷走　42
スマホは孤独な時間を奪う　45
語彙の獲得は絶対的な使命である　47
グローバル化教育の限界　50

三、読書こそ国防である

祖国・日本の真の敵は国民　54
インターネットは教養にならない　57
論理の暴走　58
日本が分割されてしまう　63
本屋こそ日本文化と精神の拠点　72

四、町の書店がなぜ大切か

最も崇高な人間の営み　76
無限の情報はゼロと同じ　83
論理の出発点が誤っている　86
日本人の誇りを守る装備　90
もっと国民の教養に厚みを　92

五、デジタル本は記憶に残らない

活字本との本質的な違い　98
なぜ世界に追随してしまうのか　103

他国を圧倒する日本の型　109
グローバル教育は周回遅れ　113
外交はよいが……　117

六、本を読まない「日本の反面教師」トランプ

英国紳士が絶対に使わない言葉　122
人格と政策は別　129
中国人とアメリカ人は似ている　130
全米オープンテニスで見た観客の野蛮さ　134
孤独こそが創造の源である　137

七、日本は「異常な国」でよい

普通の国になってはいけない　142
「日本人にまさるものはない」　145
庶民からエリートに至る分厚い教養　148
世界に説教しなければならない　152
フランスにおける剝き出しの人種差別　156
本に埋もれて死ね　160

八、国家を瓦解させる移民政策

バランス感覚を失った世界　164

移民政策は取り返しがつかない　170
グローバリズムからの離脱　173
「千思万慮、歳月を積み取捨を」　176
日本民族は人類を救う　180
「現代の政局をどう思う?」　183

初出一覧　186

一、国語力なくして国力なし

◇論理的思考でさえ国語で育つ

――最近は、国語について多く発言されていますね。

藤原　父（新田次郎）の絶筆『孤愁 サウダーデ』（文春文庫）を死後三十年間もかけて、共著として完成したところですが、ここ二十年ほど、国語を中心とした教育問題にも力を注いでいます。

いま日本は、あらゆる分野でおかしくなっています。しかも、そのおかしさ、危機というのが、部分的、局所的なものではなく全身的な症状に及んでいる。つまり、日本という国家の体質そのものが非常に劣化してきている。

では、どうしたらいいか。国家の体質というのは国民の体質の総和ですから、国家の体質を改善するには国民一人ひとりの体質を改善しないといけない。それができるのは、唯一教育だけである、と。

ここまでは、たぶん日本中の人が認めてくれると思うんですね。ところが、どのように改革したらよいか、というところで百家争鳴になってしまう。「個性」だ、「創造性」だ、「生きる力」だ、「ゆとり」だ……と、そういう美辞麗句ばかりがまかり通る。うまくいけばべつに構わないんですが、それが成功したか失敗したかは、そういった教育を受けてきた大学生を見れば一目瞭然です。とくに、いまの大学生は、小学校以来一貫して「個性尊重」教育を受けてきたわけですから。

――ええ。で、どうなんでしょうか。

藤原　それが、まったく育っていないんです、独創性も創造性も。皮肉なことに、標語人間とかマニュアル人間ばかりが目につく。自分の頭で考えようとしない人間ばかりが目立つ。私は長年、大学で教えてきましたが、個性なんて、二十年前、三十年前、四十年前の学生のほうがはるかに上でしたよ。以前よりも個性的になったと思えるのは、ファッション感覚ぐらいかなあ。たとえばジーパンの上からスカートを穿《は》いてきたり、ゼミにヘソ出してきたり。とくに嫌いというわけでもないですが（笑）。

ともかく、「個性尊重」教育は、結局ファッションの多様化くらいしか生み出さなかった。むしろ、周囲から浮くことを極端に恐れる学生が増え、考え方も画一化されてきたというのが実情です。つまり、ここ二十年あまりの「教育改革」は失敗だった。

じゃあ、どうするか。あらためて考えてみると、国民の体質を根本で規定するのは、小学校の国語ではないかということに気づきました。それで、初等教育の国語を徹底的に立て直す以外、日本復活の道はないと結論した。数学者は本質以外に興味がありません。ここ十年あまり、国語教育について熱心に書くようになったのは、そのためなんです。

――国語力に問題あり、と思われたのはいつごろからですか。

藤原 日本人の国語力の弱さを感じたという意味では、一九七〇年代、アメリカの大学で教えていたころに遡《さかのぼ》ります。

――『若き数学者のアメリカ』（新潮文庫）のころですね。

藤原 そう。向こうの学生はまったく数学ができなくて。大学一年生で、二分の一十三分の一ができない者がいる。分母、分子をそのまま足して五分の二などという間違いをする。びっくり仰天して呼び出したら、それが輝くような金髪を腰までたらしたカワイイ子でね、マーシャといって……。

――名前まで……（笑）。

藤原 姓も覚えています（笑）。かつての天才的な記憶力が、こういうところで役に立つ。ともかく、日本の小学校五年生なら誰でもできる通分ができない。そんな学生がけっこういる。ところが、ひとたび議論となると、日本の留学生は向こうの大学生にコテンパンにやられてしまうんですね。アパートの主婦たちだって堂々の論陣を張る。英語のハンディもあるけれど、圧倒的にアメリカ人は議論に強い。で、そのとき思ったわけです。数学をいくらやっても、論理的思考は強化されないんだと。数学が全然できないやつらに、議論で負けるんだから。じゃあ、どうすれば論理的思考は強化されるのか。それは、国語しかないんだ。論理的思考さえも国語で培《つちか》うほかない、ということに気づくわけです。

数学の論理と現実社会での論理は違います。数学の世界には、真っ黒と真っ白しかない。「三角形の内角の和は一八〇度」というのは真っ白で、百万年前も、今も、百万年後も、地球が爆発してなくなっても、そのまま正しい。ところが、「三角形の内角の和は一七九度」といったら、これは未来永劫に真っ黒。ところが現実社会には、真っ黒も真っ白も存在しない。すべてが灰色です。「人殺し」だって真っ黒じゃない。死刑が認められています。「正直」だって真っ白じゃない。正直に話してまずいこと、山ほどあります。とくに妻の前では(笑)。

要するに、現実社会を動かす論理的思考力とは、数学的なものではなくて、言語技術とか表現技術の問題なんです。あるいは、洞察力とか別の芸が求められる。そういうのも含めて、現代の日本人は国語力に欠けているのではないか、と思い至るわけです。

◇涙とともに胸にしまい込む読書

――論理的思考力の問題から出発して、『祖国とは国語』(新潮文庫)で、アイデンティティとしての国語にも言及されるようになりました。

藤原　十数年前から「グローバリズム」という言葉が登場するようになりました。それに呼応するように、教育の世界では「地球人」とか「地球市民」とか、聞いたことのない言葉がいわれだしました。私はアメリカに三年、イギリスに一年いましたし、いまでも毎年海外に出かけますが、「地球人」なんていう奇天烈なことをいう人は一人として見たことがない。世界のどこに行っても、そこに暮らすのは、その国の民であり民族。そして、世界のどこへ行っても自らの国を愛し、その文化や伝統をきちんと身に付けた人以外、信用されない。当たり前のことです。

――なのに「英語ができなければこれからの世界で生きていけない、国際人になれない」といった風潮が、九〇年代、にわかに高まりました。

藤原　それをいうなら、アメリカ人、イギリス人の大半は国際人になってしまう。でも、彼らにしても、国際人と呼べる人はほんの一部しかいない。世界に通用する人物という意味で「国際人」がありうるとしたら、「四つの愛」が必須条件になると思います。家族愛、郷土愛、祖国愛、そして人類愛。これを、この順に子供たちに教えることができれば、国際人の育成も不可能ではない。英語は関係ない。むしろ、美的感性、もののあわれ、卑怯を憎む心、懐かしさ、惻隠、名誉や恥といった社会的・文化的な価値に関わる感性・情緒を育てることのほうがはるかに大切なのです。こういったものを培うのも、やはり主に国語です。具体的には、本を読むことです。

「四つの愛」を教えるといっても、先生や親が教えることは難しい。下手をしたら思想教育になる。それに、こういった根本となる価値は、教室で学ぶというよりも、子供たちが物語や詩を読んで感動し、涙とともに胸にしまい込むべきものです。「家族を愛せ、郷土を愛せ、祖国を愛せ、人類を愛せ」と説教したり洗脳するものではない。したがって、国語教育を通じて本を読む力を育んであげることが、非常に重要になってきます。

――とはいっても、藤原正彦少年を読書への道に導いてくれた福田先生（藤原正彦

『古風堂々数学者』新潮文庫）のような先生は、いまや期待できません。小学生の親や教師自体が本よりもゲームにケータイという世代。どうすれば、突破口が開かれますか。

藤原 先ごろ、私も委員を務めていた文化審議会国語分科会で答申を出しました。——たしか、文部科学大臣から諮問を受けた「これからの時代に求められる国語力について」の審議会ですね。

藤原 ええ。この答申を貫くテーマが、まさに私が長年いってきた「自ら本に手を伸ばす子供を育てる」ことでした。これが、今回の国語分科会の最大の眼目だったんです。そういう子供を育てるためには何が必要かというわけで、小学校教育を中心に地域の活動に至るまで、いろいろな提案を行なっています。

学校教育について紹介すれば、まず基本的な考え方として「国語教育を中核に据えた学校教育を」と訴えています。とくに小学校においては、「一に国語、二に国語、三、四がなくて、五に算数」と私はいっているんですが、徹底的に国語に時間を割くことが大切。とくに「読み」が重要、とした。

ただ、そうはいっても、漢字が読めないと本を開く気になれないでしょ。圧倒されちゃうんですね、漢字に。だから、まず漢字を叩き込むことが大切になってくる。それで、私は強く主張したんです。「常用漢字一九四五字（現在は二一三六字）を全部小学校のうちに読めるようにしよう」と。書けなくてもいいんです。書くのは、どうせパソコンの時代ですから。ただ読めないと、読める本の範囲が狭まり、感性や情緒も育たない。

だから、現在のように「中学校卒業まで」なんて悠長なことをいっていないで、「小学校卒業まで」に読めるようにしよう。そうすれば、感受性豊かなうちに、もっと多くの本に親しめる。それが、長い目で見れば、どんなに国語力、ひいては国力を鍛えるか、と私は発言したのです。ところが、まとめの段階で反対者が出てしまったもので、「小学校の六年生までに常用漢字の大体が読めるように、現在の『漢字学習の在り方』について検討することも考えたらどうか」という表現に落ち着いてしまった。役人と御用学者たちにうっちゃられてしまったのです。

漢字に関していえば、もう一つ。ルビ打ちの復活を提言しました。いまは、いわゆる交《ま》ぜ書き表記なんかしているから、心配が「心ぱい」、骨折が「こっ折」とか、かえって訳の分からないことになっている。「清けつ」では清らかな尻となってしまう(笑)。だから、交ぜ書きを廃して、徹底的にルビを振って覚えさせよう、と。子供は、だいたい記憶力がいいですから、三回ぐらい見れば読めてしまいます。

——読めますね。早期教育の現場を取材して歩いたことがあるんですが、「冷蔵庫」なんて難しい漢字も、カードにして冷蔵庫に貼ったら三歳で楽々覚えていましたから。

藤原　そうでしょう。二一三六字の漢字なんて、記憶力のよい小学生たちなら簡単に覚えられる。そうすると、小学校の卒業段階でもう雑誌も読めるし、新聞も読める。理解できるかどうかは別問題ですが。これはある意味で、戦後GHQが台無しにしてくれた日本の漢字文化を取り戻すための反撃の狼煙《のろし》にもなる。初めての反撃です。

それから、「朝の十分間読書」。これも読書を習慣づけるうえで効果がある。そういった「読書の時間」をあらゆる機会を通じて拡げていくことが重要。通信簿の「国語」のなかに「読書」という評価欄をつくってはどうかという齋藤孝さんの提案もありました。私は名案と思ったのですが、意外や反対が出た。子供を競争させたり評価したりするのは、人権に関わる一大事らしい（笑）。それで「連絡帳等に『読書の欄』を設け、学校での状況を家庭に伝え、読書活動を奨励することも一つの方策」といった程度の表現に収まってしまった。またもや「うっちゃり」です。それでも、かなり優れた答申になったと思います。

とにかく、本の面白さに気づくよう全力を尽くそう、と。結局、本が好きになってしまえば、あとはほとんど国語の勉強なんてしなくていいんです。本を好きになっていろいろ読んでいれば、知識も教養も情緒もおのずと身に付きます。

◇先生や親では教えられない

――小学生から始めれば、きっと本好きになりますね。ただし、ある世代はもう見捨てるしかないかもしれない。

藤原　そんなことはありません。何歳でも遅くない。私が高校生のころは、友達と話している最中に、しょっちゅう本の話が出て「『カラマーゾフの兄弟』は素晴らしいね」とか話を向けられたときに、読んでいないと、もう……。

――かっこ悪い（笑）。

藤原　で、家に帰ってから一生懸命読みはじめるとか、取り繕って読んだふりをするとか、涙ぐましい努力をしていた（笑）。ところが、いまの大学生を見ていると、読書好きは変人の部類に入ってしまう。本を読まないことは恥でなくなってしまった。まあ、そもそも親と先生が最低の教育を受けてきた世代ですから。したがって、子供をきちんと導くことができない。

たとえば道徳。日本というのは、ほぼ千年来、武士道精神の国ですよ。その中心的な徳性は、義、勇、仁。義というのは人の道です。「卑劣なる行動、曲りたる振舞い」

を憎む心。そこから、正義や誠実といった徳性が生まれる。勇は勇気だから、義を実行すること。義のためではないたんなる蛮勇は「匹夫《ひっぷ》の勇」にすぎない。そして、仁は人の心ですから、慈愛や惻隠の情を指す。

——新渡戸稲造の『武士道』ですね。

藤原　約百年前に著された、この書物に書かれた内容をもう教えられないんです、先生や親が。だからこそ読書を通じて、そういうものを、子供たちがきちんと胸に叩き込む作業が必要です。だから、一にも二にも「読み」が大切なんです。私は審議会でいいました。小学生のときは、読み：書き：話す：聞くの比率は、二〇：五：一：一でいいと。みんな憤慨していました（笑）。人間みな平等だから教科もみな平等、国語の四つの技能も平等、とどうやら考えているようです。

小さいころに「読み」を徹底して、先人の知恵に学び、また、個人では経験できないさまざまな感動に涙を流す。これなくして教養は育ちません。それをせず、大人になって流行の思想とかを追いかけても、頭でっかちになれても本当の教養人にはなれない。教養がないと、大局観が得られない。教養とは、文学とか、歴史とか、思想とか芸術とか、実利とは縁遠い役にも立たないような精神性の総体です。

――目先の利益はもたらさないが、心の奥底で効く。

藤原　教養がなければ大局観が磨かれない。大局観がなければ、危機にあって、長期的な展望に立った手が打てない。現在の日本の苦境は、まさにそういった構図に陥っています。その後ろに横たわっているのが、活字文化の衰退。

いま政治、経済、教育とあらゆる分野で、改革と称して対症療法が施されています。教育でいえば、自殺が増えたら「小学校、中学校にカウンセラーを置きましょう」。カウンセラーを置いて自殺がなくなるのなら、アメリカなんかとっくの昔になくなっているはずなんです。アメリカは、どこの学校にもカウンセラーがいて、自殺数は日本よりはるかに多いのです。また、いじめが起こると、「みんな仲良くしましょう」。みんな仲良くできるわけがない。世の中はどこだって、嫌なやつだらけ。そういう自分がいちばん嫌なやつだったり（笑）。

――かえっていじめを促進してしまう。

藤原　そのとおり。対症療法って効かないんですよ。かえって問題を悪化させたりする。だから、大局的に見て根本を治さなければならない。いじめの問題は古来、日本にある「卑怯を憎む心」や「惻隠」などを子供の心に深く浸み込ませればほぼ解決できるのです。日本の体質劣化を治癒する力をもっているのは、どう考えても読書の復権しかない。それを促すためには、小学校では国語の強化しかない。

◇唯一、時空を超えさせるもの

――いつの間にか、「本を読め」という人が少数派になってしまいました。

藤原　とくに日本が痛かったのは戦後、ＧＨＱによって旧制中学、旧制高校が廃止されたこと。なにしろ旧制高校出身者は教養の塊でしたから。最後の世代が、昭和五年生まれくらいです。社会の一線から、一九九〇年ごろまでに引退している。そのころからでしょう、日本がとくにおかしくなってきたのは。符合している。アメリカも考えたものです。日本が二度と立ち上がってアメリカに歯向かわないようにするためには、エリートをつくらせてはいけない。そう考え、エリート教育を全部廃止した。それが、ちょうどコミンテルン影響下の日教組の「人間みな平等」と合致してしまった。「米ソ連合軍」で日本の教育を潰しにかかったわけだから、これは、こてんぱんです（笑）。いつの間にか、公のことを考えること自体がいけないことになってしまった。「個」ばかり。日本では、もともと「個」なんてことは、誰一人いっていなかった。

では、国家や公の精神が尊重された明治時代に個は育っていなかったかというと、とんでもない。ものすごく育っている。個の自立は明治時代にこそ促されたといえるくらい。逆に「個」ばかりを唱えてきた戦後のほうが、さっきもいったとおり、個が埋没してしまった。そして公は育たなかった。要するに、戦後は両方とも育てることに失敗し、明治のころは両方とも育っていた。さて、どこにからくりがあるか、ということですが、最近、私は一つ発見をしたんです。

――「ダイハッケン」ですか（『祖国とは国語』新潮文庫）。

藤原　大発見（笑）。育った時代によって人間がまったく異なってくる、ということです。たとえば汚職を見ればわかります。官僚の汚職に着目すると、明治にはほとんどなかったのに、大正、昭和とどんどん増えて、戦後になると爆発的に急増している。なぜなのか、ということですが、戦後の汚職急増はわかりますね。でも、国体護持だとか国家のことばかりが唱えられた戦前の昭和にも汚職がかなりあった。

本物の「公の精神」は、学校教育でいくら唱えたって育ちはしないということです。ちょうど戦後、「個性の尊重」をいくら唱えても、個性が育たなかったように。要するに、公の精神も自立した個も、根元にあるものは同じなんです。道徳とか情緒なんですね。それが、明治時代は、武士道精神としてまだお父さんやおじいさんに体現されるかたちで残っていた。あるいは、寺子屋や藩校での読み書きを通じてきちんと身に付いていた。乃木希典大将や東郷平八郎元帥をはじめ、日清・日露を指導した人びとはみなそういう教育を受けた者です。

――それが次第に欠落していった結果、ついにはお母さまが『流れる星は生きている』で書かれたように、関東軍が真っ先に満州を逃げ出し、同胞を見捨てるまでに堕落していく。

藤原　もう戦前から落ちている。じつは、大正のころから落ちはじめている。明治時代を引っ張った人びとは、人間として素晴らしかったのに。彼らは幕末や明治初年に生まれた人びとです。たとえば夏目漱石、森鷗外、南方熊楠、西田幾多郎などがいます。彼らは明治二十年ごろ以降に生まれた人びと、たとえば芥川龍之介、志賀直哉、武者小路実篤たちとはかなり違っています。前者は漢籍や武士道精神で育った明治人であり、後者はそういったものを前近代的遺物として軽蔑し、西洋文化を懸命に吸収し、崇拝した人びとです。明治生まれですが大正に活躍した、という点で大正人です。

前者と後者の劇的な違いは、明治天皇大喪の礼での乃木希典将軍自決の際に顕在化しました。自決の報に前者が「明治精神を見事に体現」と感激したのに反し、後者は「愚かしい行為」と嘲笑したのです。

軍人だって違います。日清・日露を指導した乃木希典、東郷平八郎、大山巌《いわお》、児玉源太郎などほとんどの者は幕末から明治初年の生まれで、漢詩などをつくることができました。一方、「行け行けドンドン」の大東亜戦争を指導した将校はほとんど明治二十年ごろ以降に生まれた人びとで、兵隊として死んだのは大正生まれでした。マッカーサー元帥は若いころ、日露戦争を指導したこれら将星《しょうせい》たちに会い、その立派さに大いに感銘を受けました。ところが、第二次大戦後に東條英機などの将軍たちに会い、「たった三十年で将軍たちの顔がケダモノのようになっていた」と驚いたそうです。

――先生は『名著講義』（文春文庫）で実況中継されているように、大学でも、主に明治の古典を読ませる授業をもたれていたそうですね。

藤原　基礎ゼミというのをね、新入生相手に。その第一回目は、必ず『武士道』

（笑）。あと、内村鑑三の『余は如何にして基督信徒となりし乎《か》』や『代表的日本人』あるいは福澤諭吉の『学問のすゝめ』『福翁自伝』などを読ませました。

――日本人必読書ばかり。反応は、どうですか。

藤原　学生たちは本当にびっくりします。明治の人は偉いんだな、って。あるいは、戦後のものでも『きけわだつみのこえ』なんか読ませると、東京裁判史観の教育をずっと受けてきて、「日本が一方的に悪い」とか「特攻隊の連中は、軍部に洗脳されて犬死にした気の毒で哀れな人々」といったイデオロギーを吹き込まれているでしょ、そういうのがいっぺんで吹き飛ぶ。兵隊が故郷に残してきた新妻や、母親、恋人に宛てた手紙を読むと涙します。特攻の前日に、万葉集や『三太郎の日記』、あるいはニーチェを読んだ人がいたこともわかる。「こんな戦争に何の意味があるんだ、間違ってる」と軍部を批判しつつ命を落とした人がいくらでもいたことも。

要するに、あの極限的な状況のなかで、自立した個が育っていたことに気づくんですね。「軍国主義者に洗脳された気の毒な人だなんてとんでもない。何も知らず気の毒なのは自分たちのほうだ」と。だから、私の基礎ゼミを受けると、みんなコンプレックスをもってしまう、昔の人に対して。自分たちはいったい何を習ってきたんだ、と愕然《がくぜん》とする。

――至高の読書体験ですね。いい話だなあ。

藤原　この反応を見るのが楽しくて、近ごろは数学の講義より基礎ゼミのほうが好きになってきた（笑）。

彼女らには、こういうんです。人間の判断力は、自分の経験を通じても形成されるけれど、いかんせん一人の人間の経験は限られている。そういうなか、唯一、時空を超えさせてくれるのが読書なのだ、と。読書こそが、心の底に揺るぎない道徳や情緒を根付かせてくれる。それが、どれだけ一人ひとりの人生を、そして日本国の将来を支えてくれることか、と。やはり日本再生には、読書あるのみです。そのための「国語教育絶対論」。これは誰が何といおうと譲れない。

二、読解力急落、ただ一つの理由

◇中国の不正をなぜ許すのか

――先日、日本人の十五歳の「読解力」がOECD（経済協力開発機構）による学習到達度調査「PISA」で一五位に転落する、というニュースに仰天しました。『日本経済新聞』（二〇一九年十二月四日付朝刊）の記事は「デジタル活用が進まないこと」を読解力低下の理由に挙げていますが。

藤原　まったくお話になりません。この新聞が反映するのはもっぱら大企業・財界の意見で、イコール政府の意向、といって差し支えないでしょう。今回の結果が示すのは、日本全体に及ぶ「読書離れと教養の低下」にほかなりません。

順を追って説明しましょう。PISAは三年に一度行なわれており、前年の調査結果を翌年、公表することになっています。日本の「読解力」は前々回の二〇一二年が四位、前回の一五年が八位。そして今回の一八年が過去最低の一五位でした。

――かなりの勢いで落ちていますね。

藤原　ただ注意しなければならないのは、調査主体がOECDという経済最優先の国際機関であること。もう一つは上位国の顔ぶれです。

今回の「読解力」のトップ3は、一位が中国、二位がシンガポール、三位がマカオです。シンガポール（人口約五六二万人）とマカオ（約六二万人）はいずれも日本とは比較にならない人口規模ですから、ちょっと頑張れば全体の底上げは可能です。

問題は一位の中国。周知のようにこの国の統計はGDP（国内総生産）をはじめ改《かい》竄《ざん》や操作が加えられており、ことごとく信用なりません。PISAに関していえば今回、中国の調査データは「北京市」「上海市」と「江蘇省《こうそ》」「浙江省《せっこう》」の計四カ所しかないのです。

――えっ？

藤原　日本は全国からアットランダム（無作為）に抽出しているのに、向こうは首都の北京と中国を代表する大都市・上海、それに子供の教育に投資する余裕のある、金持ち二省だけから抽出したのですから、点数が高いのは当然です。農村からの出稼ぎ労働者の子供は試験を受けさせなかった、という話もあります。点数がぐっと下がるからでしょう。欧米だって、移民の子供を受験させなかったら平均点はかなり上がったはずです。OECDはなぜ、中国だけにこのような不正を許すのでしょうか。

他方で「読解力」以外の順位を見ると、日本は「科学的応用力」で五位、「数学的応用力」で六位です。上位が下駄を履《は》いていることを割り引けば、日本は依然として世界のトップクラスといってよい。しかし「読解力」の一五位はさすがに弁護のしようがありません。こと読解力に関しては、マスコミの大騒ぎは決して的外れではない、ということです。

◇パソコンでの解答方式に慣れていないから？

――読解力が急落した原因について、どうお考えですか。

藤原　調査対象である中学生が本を読まなくなったことに尽きます。ところが、おかしなことにマスコミも政・官・財も誰一人、読書のことについて触れないんです。箝口令《かんこうれい》でも敷かれているかのように。

文部科学省は「日本の学校では教科書を使った指導が浸透し、IT利用が広がっていない。機器の整備を進め、授業例を広げていく」などとナンセンスなコメントを出しています。要はパソコンを使った解答方式に慣れていないから、全国の小・中学校に一人一台、パソコンやタブレット端末を配備するという。

文科省の「読解力低下はパソコンに不慣れだったから」という説明が嘘であることは、一瞬でわかります。なぜなら、前回の二〇一五年調査でもパソコンで解答していたから（笑）。八位から一五位に急落したことの説明になっていません。

――文科省の学力低下が心配です。

藤原　小学校からタブレット教育など受けてしまったら、四月に教科書を開くときのインクのにおいと共に立ち上る新しい学年の息吹、活字に触れる喜び、本への愛着をもちようがない。タブレット教育をまたとないビジネスチャンスと捉えるＩＴ業界の尻馬に乗った政府が、子供をいきなり機械に触れさせて活字に対する愛着を失わせ、日本の活字文化を滅亡へ追い込んでいるのです。

十年近く前、紙の教科書の大切さに関する私の講演を聞いて感激した、という当時の文科副大臣が「私の目が黒いうちは（タブレット教育は）絶対にさせません」とおっしゃってくれたのですが、どうやら時効になってしまったようです。

◇ゆとり教育からフィンランド方式への迷走

――では、なぜ中学生が本を読まなくなったのでしょう。

藤原　話は、二十年前に遡ります。ＰＩＳＡが最初に実施された二〇〇〇年に、日本の「読解力」が八位であることが判明し、国内に衝撃が走りました。勉強以外の読書をしない中・高生の割合はＯＥＣＤ加盟国平均（三二％）より高く（五五％）、原因は読書離れにある、との結論に至りました。そこから同年スタートの「総合的な学習の時間」を使い、「朝の読書運動」など読解力回復の取り組みが始まりました。文科省も当時は見識があったのです。

ところがその後、二〇〇二年から始まる「ゆとり教育」（学習指導要領の改訂）の弊害で二〇〇三年の日本のPISA「読解力」順位は一四位に落ちてしまった。ゆとり教育が個性も創造性も、生きる力も育まなかったことは当時、大学の教壇に立っていた私自身、肌身に染みて知っています。中学・高校の教育の成果は、大学生を見れば一目瞭然なのです。一九八〇～九〇年代の中学・高校で教育を受けた世代と比べ、ゆとり世代の学生が明らかにほぼすべてにおいて劣っていました。それでも徐々に前述の取り組みが功を奏し、二〇一二年、日本はついにPISAショックを克服して「読解力」で四位に返り咲きます。

文科省と蜜月状態にある日教組、それに政・官・財はその後も、PISAで読解力一位だったフィンランドを真似し、フィンランド方式を取り入れる、という迷走ぶりを見せます。しかし同国は移民急増などで一位を滑り落ち、二〇一二年には六位にまで下がりました。そのうえ、「決められた本を読み、内容について皆でディスカッションする」手法がかえって本への愛着を失わせることが明らかになったため、フィンランド方式は下火になりました。

たしかに論理的思考を育てるには、数学よりディスカッションが有効です。「数学を学ぶと論理的になる」というのは嘘で、理系学部の教授会など見れば、数学者はたいてい無関心で論文などに目を通しているのですが、時に感情的な極論をがなりたてる、というタイプが多い（笑）。

しかし、いくら議論が大事とはいえ、読書嫌いにしてしまったら意味がない。好きな本を読むことです。私は高校時代、『チャタレイ夫人の恋人』（性描写で発禁処分になったD・H・ローレンスの小説）を入手しようと、私を知る人のない隣駅の本屋まで買いに行ったことがあります。駅を降りた瞬間から本屋までのドキドキといったら（笑）。街中の人から「ホラ、世界一の助平が歩いている」と指差されているかのような被害妄想で死にそうでした。もう顔が真っ赤になってね。私にも純情可憐な時代があったのです。若いころは、どんな本でもよいから乱読することです。

◇スマホは孤独な時間を奪う

――いいお話です。

藤原　二〇〇〇年当時、日本の高校生はすでに本を読まなくなっていました。けれども、中学生はまだ読んでいた。ところが現在では、読書をしない中学生の割合は一五％です。「残り八五％は読んでいる」と思われるかもしれませんが、問題は「読書」の定義。「読む」と答えた人の冊数が圧倒的に少ない。読むか読まないか、〇か一かの二択の問題ではなく、絶対的に読書時間が減っています。

――原因は何でしょうか。

藤原　いうまでもなくスマホです。たとえば二〇一一年の統計（内閣府「平成二十

九年度　青少年のインターネット利用環境実態調査」の参考資料1）を見ると、中学生のスマホ保有率は約三％、高校生は約七％でした。ところがわずか三年後、二〇一四年になると中学生が四二％、高校生は九一％に跳ね上がります。さらに二〇一九年になると、中学生が九〇％、高校生が九六％。今回、問題にしている中学生に関していえば三％から四二％、九〇％へとまさに激増です。

おまけにスマホの使用時間を調べると、中学生で平均一日二時間。平均ですから当然、三時間、四時間、五時間を費やしている生徒もいる。その間、奪われているのが「本を読む時間」です。

スマホの最大の罪はまさにこの一点、「読書の時間を奪っていること」に尽きます。あるいは「孤独になる時間」を奪っている、といってもよい。

人間の深い情緒は、孤独な時間から生まれます。暇や寂しさを紛らわせるため、スマホゲームに没頭し、ＬＩＮＥやメールのやりとりでせっかくの孤独な時間を台無しにされてしまう。人間にとって最も大事な読書の時間を、スマホという名の麻薬が強奪しているのは大罪です。

◇語彙の獲得は絶対的な使命である

――よくぞおっしゃいました。

藤原　夕食時に、私が「スマホが読書による教養、国語力を破壊する」と訴えたところ、三人の愚息が反論してきたことがあります。曰《いわ》く、「現代の若者はメールやSNSで、短いながらさんざん文字を書き、慣れ親しんでいる」。「本当に私のDNAを受け継いでいるのか」と暗澹《あんたん》たる思いに駆られました。三人とも博士号を取得していますが、私にいわせればgood-for-nothing（ろくでなし）。

聞けば最近の若者たちは、了解の返事を「り」で済ませるそうです。「りょうかい」の「りょ」がさらに縮んで、たった一文字。「マ?」は「マジ?」すなわち「本当?」の略らしい。これは会話などではない。「反応」にすぎません。

――よくご存じで。

藤原 先ほど調べました（笑）。いまいったような現象は一言でいえば、語彙《ごい》の欠如です。本や新聞を常日ごろ読んでいないと語彙が増えないのは自明の理ですが、大半の人が気付いていないことがあります。

――何でしょうか。

藤原 「人間は思考の結果を語彙で表しているばかりではない」ということ。「語彙を用いて思考している」ということです。自由、平等、平和、戦争、民主主義などの語彙を知らず、政治を考えられないのです。

物事を考えたり思うとき、独り言として口に出すか出さないかはともかく、頭の中では誰でも言葉を用いて考えを整理しています。たとえば好きな人を思うとき、「好感を抱く」「ときめく」「惚れる」「一目惚れ」「べた惚れ」「愛する」「恋する」「片想い」「横恋慕」「恋焦がれる」「初恋」「老いらくの恋」「うたかたの恋」など、さまざまな言葉で思考や情緒をいったん整理して、そこから再び思考や情緒を進めています。もし「好き」と「嫌い」しか語彙がなかったら、ケダモノのような恋しかできません。つまり「語彙がないイコール思考も情緒もない」ということです。

したがって、小・中・高校時代における語彙の獲得は絶対的な使命です。現にOECDの調査でも、読書をする人はPISAの読解力が平均して四五点ほど高く、新聞を読む人は三三点ほど高いという。とにかく活字に触れればよい、ということです。

読解力急落の答えが読書離れにあることは明白なのに、「デジタル化を進めれば読解力が上がる」などという政・官・財の思考放棄は嘆かわしい。

しかしながら、PISAが測るのは「実学」の力にすぎないことに注意しなければいけません。たしかにグラフや図や契約書を正しく読み取る能力は必要かもしれません。しかし、それは「会社員を育てる教育」であり、イコール「人間を育てる教育」ではありません。

詩や小説や伝記や物語を読み、貧しい境遇の人びとに共感し心を痛め、大きな志をもって立つことの素晴らしさに胸を打たれ、強者に立ち向かう勇気や自己犠牲、友情や惻隠の情に感激する。こうした経験こそが、人間を人間たらしめる「情緒」を生むわけです。情緒の育成こそ読書の真骨頂であり、ＩＴや英語のごとき実学が初等教育に入る余地はありません。

◇グローバル化教育の限界

――では、どうすれば子供の読書時間を増やせるでしょうか。

藤原　ここまで来ると、強制あるのみです。まず、小・中・高の通知表の国語欄に「読書」を入れること。そして大学入試では、定員の一・三倍程度までは学力一本で絞り込むとしても、残りは面接により合否を判断する。その面接で、必ず読書歴を問うことにする。「本を読まない子供は有名校に受からない」となれば、父母が血眼《ちまなこ》になって読書をさせるはず（笑）。

また当然ながら、小・中・高校生のスマホ保有、少なくとも使用に制限を加えることです。二十一世紀は自由よりも制限が求められる時代です。加えて、初等教育における国語の圧倒的重要性の確認。国を挙げて英語にうつつを抜かしているヒマなど一秒もないのです。

世界的に見ても、ＰＩＳＡの描くグローバル化教育すなわち「有能なグローバリズム戦士づくり」は、すでに限界に達しています。グローバリズム自体が限界に達しているからです。トランプ台頭や英国のＥＵ離脱ばかりではなく、ヨーロッパ各地でナショナリズムが台頭してきているのは、グローバリズムから自国や自民族の文化伝統を守りたい、という当然の欲求なのです。

グローバリズムすなわち新自由主義は、帝国主義や共産主義と同じく、人類を幸福にするものではありません。やがて消え去る世界潮流の一つにすぎない。教育という国家百年の計を決めるのに、遠くない将来に泡のように消えてしまう思潮に身を寄せていていいのか。グローバル化教育などという愚民化教育を続けていたら、明治時代に英国の詩人マシュー・アーノルドが「地上で天国あるいは極楽に最も近づいている国」と評し、昭和十八（一九四三）年にフランスの詩人ポール・クローデルが「日本人は貧しい。しかし高貴だ」と評した日本と日本人は、百年後に消えてなくなってしまいます。

三、読書こそ国防である

◇祖国・日本の真の敵は国民

――日本の電車内で、携帯電話・スマートフォンを眺める人に出くわさない日はありません。文庫や雑誌、新聞を開く習慣はどこへ消えてしまったのでしょう。

藤原　私も先日、夕方の東京で電車に乗っていたら、なんと一車両にいる全員が、スマホを見ていました。隣にいた四十代と思《おぼ》しき乗客のスマホの画面を覗き見たところ（笑）、文字すら読んでおらず、ひたすらゲームに没頭している。いまやスマホは日本だけでなく、世界中で人間の知能を退化させています。以前もイギリスの電車内で通話する若い女性の声に耳を傾けていたら、「いま何しているの」「私？　いまね、電車に乗っているところ」。

――「黙ってくれ」といいたくなりますね（笑）。

藤原　黙って本を読む、ただそれだけのことが大人も子供もできなくなっている。

最低限、小・中・高校ではスマホの所持を禁止、あるいは電話機能しかないものに制限すべきでしょう。

日本ではじつに中学生三人のうち一人が、一秒たりとも新聞に目を通さないということ。高校生では、二・五人に一人が同じく目を通しません。小学生は比較的、新聞も本も読むんです。中学から高校になるにつれて加速度的に活字から遠ざかり、大学生に至るともうお手上げ。文系の学生はひたすら遊び回り、理系の学生は実験また実験、ともにアルバイトに明け暮れて四年間を終える。

このような状況で唯一、活字を読んでいる層の小学生に向けて、政府が「英語必修化」を施すのです。

私の息子の一人はＩＴの専門家で、ＡＩ（人工知能）にも詳しい。いわく「七、八年以内にはスマートフォンに実用可能な自動翻訳機能が完備される。そのとき機械が話す英語の水準は、現在の日本人の九割の英語レベルを超えている」。要するに現在の小学生に一所懸命、英語を教えても十年後、すなわち大学を出るころには不要になる可能性が高いのです。小学生に英語を教えるということは無意味どころか、読書や算数の時間を奪う、という点で犯罪的です。官民の英語狂騒が祖国の崩壊につながるのです。

初等教育の目的はただ一つ、「自ら本に手を伸ばす子供を育てること」しかない。ところが、国語をないがしろにする小学校での英語必修化という愚策に対し、なんと国民の七割が賛成だという。祖国・日本を蝕《むしば》む真の敵は国民である、といわざるをえません。

いまや政財界も、挙げて「グローバル化に対応して小学校から英語を学ばなければ国際競争に生き残れない」の大合唱。何という不明、不見識でしょうか。文部科学省はさすがに英語よりも国語がはるかに重大であることを知っています。ところが経団連をはじめとする財界、その影響下にある経済産業省などが国語教育を守る声を圧殺しているのです。

◇インターネットは教養にならない

――日本人の活字離れをもたらした原因はどこにある、とお考えですか。

藤原　本や雑誌の売り上げが急速に落ちはじめたのは約二十年前、一九九七年ごろ。読書傾向の右肩下がりは、インターネットの一般への普及と時を同じくしています。この時期から本や雑誌が突然、売れなくなる。そして書店数が半分以下になり、取次が次々に倒産するという現状に至るわけです。国民はインターネットや携帯電話で知識が得られて便利と思っているようですが、インターネットを一日中、見たところで得られるのはせいぜい「情報」止まり。情報もビジネスには必要ですが、大した「知識」にはなりません。情報というのは「知識」や「教養」まで高めなければ使い物にならないのであって、三者のあいだには隔絶した違いがある。情報を知識、教養にまで高めるには、結局のところ本を読むしかない。

――教養を身に付けるという点で、インターネットの閲覧と読書は、何が違うのでしょうか。

藤原　情報というのは、それぞれが孤立しています。孤立した情報が組織化されて、初めて知識になる。「情報がつながること」が知識であり、さらに「知識がつながること」が教養。この段階を歩むことが、教養を高めることの意味です。われわれは本を読んだあと、物語や記述の内容に思いを巡らせたのち、今度は身の周りの現実に当てはめて再び考える。この読書時の脳の働きが、人間の教養を育むわけです。インターネットでは得られない経験です。

◇論理の暴走

――身も蓋《ふた》もない聞き方で恐縮ですが、教養がないといったい何が困るのでしょう。

藤原　最も重要な点は、「教養がないと大局観が生まれない」こと。そして大局観のない人は判断を誤り、周囲の人を不幸にします。政・官・財のトップを見ても、つくづく昔に比べて大局観がない、と感じますね。なにも日本のリーダーに限った話ではありません。世界の指導者を見てごらんなさい。アメリカのトランプ大統領、ロシアのプーチン大統領、ドイツのメルケル首相、中国の習近平主席。教養に溢れた人とはとても思えません。

大局観のないリーダーの端的な特徴として、たとえば中国の歴代指導者を見ると皆、理系出身ですよ。江沢民（上海交通大学電気機械学部）、胡錦濤（清華大学水力エンジニアリング学部）、習近平（清華大学化学工程部）と、理系の系譜が続く。ドイツのメルケル首相も専攻は物理学で、遡るとイギリスのサッチャー首相も化学です。

――わが国でも、鳩山由紀夫元首相（東京大学工学部計数工学科）や菅直人元首相（東京工業大学理学部応用物理学科）が系譜に名を連ねますね。

藤原　理系の多くは読書量が足りていません。したがって、論理的に考えられても大局観に欠けるケースが多い。こうなると、「対症療法」しかできません。全体を大局的に見て判断することができませんから、国のリーダーには不向きです。

さらに理系の欠点は、論理で突っ走ること。サッチャー首相の改革などまさにそうです。とにかく民営化で公共投資をカットして「緊縮財政」と「競争と評価の導入」の一本槍。「市場原理に任せれば社会はよくなる」と考え、原理で突っ走る。その結果、失業率が上がってしまい、むしろ社会が不安定化しました。

論理で突っ走った「対症療法」の好例は、少子化対策です。先ほど名前が挙がった鳩山由紀夫首相の時代、民主党が行なったのは「子ども手当」でした。目先のカネをいくらか配れば子供を産むだろう、という絵に描いたような対症療法。

なぜ日本で子供が生まれないのか、という根本的な原因を考えようとしないから、このような政策になる。話の大本を考えれば、若手層に多い非正規雇用です。企業が経費のかかる正規雇用を最小限に抑え、不足する労働力は経費が半分以下で済む非正規や正社員の残業で補う、という方式を取っているからです。日本の企業に余力がないからではありません。内部留保は史上最高の四五〇兆円近くにもなっています。トップが従業員ではなく株主を向いているからです。二〇一五年の「労働力調査」によると、二十代と三十代男性の非正規雇用者は四〇〇万人で、平均年収は三〇〇万円未満という。「結婚の壁」といわれる年収三〇〇万円に届いていないのです。所得も低く身分も不安定だから、将来に不安を感じている。結婚して子供をつくればお金がかかるので、独身のままでいようと思うのはむしろ当然の行動です。

いまの日本企業のように「競争、評価」「自己責任」「低賃金」がすべての世の中で、うっかり子供を産んだりしたら、わが子は将来、自分と同じ苦しみを味わうことになる。そんな悲惨な思いをさせたくない、という気持ちがあることに、なぜ気付かないのでしょうか。未来が見えない国で少子化を防ごうとしたら、まずは新自由主義に基づく競争一辺倒の論理に歯止めをかけるしかない。潤《うるお》いのある社会をつくるのは惻隠などの情緒であり、情緒は読書や体験から生まれる教養から生まれるのです。教養とは、論理の暴走を抑制するブレーキでもあるのです。

ところが教養のないリーダーが、極端な政策ばかり取っている。いまドイツが移民問題で混乱しているのも、論理で突っ走った結果です。ＰＣおよび労働力不足解消という、近視眼的な論理です。メルケル首相は二〇一五年九月、オーストリアやハンガリーから入国を拒否されたシリアやアフガニスタンの難民を受け入れました。「難民受け入れに上限を設けるような国は私の祖国ではない」と大見得を切った彼女を、ＰＣに酔いしれた世界中が大歓呼で絶賛しました。

結局どうなったか。ドイツ国内に難民が溢れ、二〇一六年、メルケル首相は難民政策の失敗を認めて方針を転換しました。美しい論理だけで大局を見ない、典型的な理系リーダーの暴走です。

ドイツは過去、ヒトラーがユダヤ人差別をして移民を排除した歴史があるから、贖罪《しょくざい》意識が付きまとっている側面もありますが、いずれにせよリーダーに大局観や教養のブレーキがないから、論理のアクセル全開で、歯止めが利かずに事故を起こしてしまう。難民はドイツばかりかヨーロッパ中に溢れ、もう十年前の、古い伝統の色濃い、落ち着きあるヨーロッパはなくなってしまいました。移民は不可逆過程ですので、かつてのヨーロッパはもう永遠に戻らないかもしれません。いまこういう政治家が世界中にいて、その国にとって何より大事な伝統や国柄を毀損《きそん》しているのです。

◇日本が分割されてしまう

——アメリカのトランプ大統領も「暴走族」ですね。

藤原　ただし完全無教養のトランプ氏の登場によって、世界を動かしている政・官・財・マスコミなど、いわゆるエスタブリッシュメント（支配階級）連中が頭を抱えているのは半分、喜ばしいことです（笑）。エスタブリッシュメントは自分たちの権益を維持することしか頭にありません。それを脅かすものには、激しい攻撃を加えます。だからトランプ大統領誕生時と同様、二〇一六年のイギリスのＥＵ離脱の際にもまったく同じ攻撃が加えられました。「ポピュリズムによる愚かな選択」とか「低賃金・低学歴労働者の反乱」などと、日本をはじめ世界のエスタブリッシュメントに寄生するマスコミ、学者、評論家がこぞって批判し、嘆いたのです。壮観でした。

イギリスのEU離脱は何の心配もありません。私はケンブリッジ大学で教えた経験から、イギリスには日本やアメリカの評論家よりはるかに頭が良く、国益のためならば何でもする狡猾なエリートがたくさんいることを知っています。彼らはイギリスにとって有益だと思えば、何とか理屈をつけて、それまで唱えていた原理・原則などさっさとかなぐり捨てることができる。現実重視派なのです。

――論理に凝り固まった人より、よほど世の中のためになりますね。

藤原　国益を重んじる現実主義は大事です。やや不誠実ですが、大暴走しかねない原理主義よりは少なくとも安全です。日本にとって心配なのは、トランプ大統領がビジネスマンであること。商人には理念がなく、利益しかない。これは逆に、「現実主義の暴走」につながる危険性がある。とりわけ日本が警戒すべきは、トランプ大統領が「中国と手を組めば儲かる」と判断し、日本の頭越しに、秘密裏に対中接近をすることです。そうなれば、わが国が第二次世界大戦時のポーランドの二の舞になる恐れがあります。

当時、ポーランドは東のソ連、西のナチス・ドイツの台頭におののいていました。そこでポーランドは一九三二年にソ連と、一九三四年にドイツとのあいだに不可侵条約を結び、祖国を守ろうとしました。

しかし天敵といわれたヒトラーとスターリンは、一九三九年八月二十三日に突然、独ソ不可侵条約を結び、世界を驚かせました。ところが、このときにこっそり秘密議定書も結んでいたのです。ドイツが西から攻め込み、追ってソ連が東から攻め込み、ポーランドを独ソで分割統治するというものです。ヒトラーはその一週間後、九月一日にポーランド侵攻を行ないました。その二週間後、九月十七日にはソ連が東から侵攻しました。約束どおり分割統治となったのです。

翻《ひるがえ》ってわが国でも、日本はアメリカと仲良くするけれども、同じくらい中国とも仲良くしよう、というおめでたい政治家や、一三億人の市場での金儲けしか頭にない財界人や評論家がいるでしょう。

――日米中正三角形論、などという話もありました。

藤原　そんな呑気なことをいっているうちに、トランプ－習近平間で秘密協定がサインされ、その数年後、気がついたら日本が分割されていた、という悲劇が起こりうることをポーランドの事例は教えてくれるのです。米中はともに誠実とはほど遠い、油断のならない国であることを頭に入れたうえで、友好的に付き合わねばなりません。なお、ポーランドは一七九三年にもプロイセン、オーストリア、ロシアによって領土を三分割され、文字どおり国が滅びました。

――本当にあった恐ろしい話ですね。

藤原　だからこそ、歴史の本を読まないといけない。日本は近現代史上、頭越しの外交で山ほど痛い目を見ています。日中戦争でも、アメリカとイギリス、中国が背後で結託していました。アメリカは直接、日本に手を下さずに「フライング・タイガース（カーチスP－40トマホーク戦闘機一〇〇機による部隊。機体はアメリカ製、パイロットは非難を免れるため米軍パイロットをいったん退役させ、市民にしてから採用)」を中国空軍につくり、背後で中国(国民党)を支援しながら日本を攻撃していたのです。それに援蔣ルートという、米英が蔣介石軍に大量の軍需物資をこっそり送るためのルートがベトナムやビルマにあったから、日本軍はそれを叩くため、東南アジア深くまで進軍したのです。

――巷の大学生にフライング・タイガースといっても、雑貨屋(フライングタイガー)と勘違いされるのがオチでしょうね。

藤原　ほかにもキッシンジャーと周恩来の極秘会談(一九七一年に開かれた、ニクソン大統領の電撃訪中に先立つ米中会談。日本の経済発展を警戒し、その軍事力を抑える必要性について話し合う)など、米中接近の例は枚挙に遑《いとま》がありません。

基本的に隣国というのは仲が悪く、敵同士というのが常識です。だから隣国のさらに向こうの国に目を付け、「敵の敵は味方」の論理で頭越しに外交関係を築く。たとえばアイルランドとイギリスは歴史的な宿敵、フランスとイギリスも宿敵です。したがって「敵の敵」でアイルランドとフランスは仲良しで、アイルランドでフランス料理がおいしいのは両国の友好関係によるもの。で、イギリスの料理は最低（笑）。

中国にとって最も嫌なのは、日本が中国の隣、つまりインドと仲良くすることです。安倍首相はこれを実際に行なっているから大したものです。日本は以前、インドのチャンドラ・ボースらを支援してイギリスからの独立を手伝った歴史があります。だから、インド人には親日派が多い。その半面、中国にとってインドは人口規模が同じで経済的にも台頭している。核兵器まである。つまり宿敵です。習近平主席は日本のインド接近に歯ぎしりしていることでしょう。

何度も行なった日露首脳会談も、センスがいい。「北方領土が返ってこない」と文句を付けている人がいますが、日本の狙いは中国の頭越しにロシアと友好を結ぶ姿を習近平の中国に見せつけること。つまり中露分断です。安倍首相の外交や国防は及第点ですが、経済は三〇点、教育は〇点です。

いま極東ではアメリカ、中国、日本、ロシアの四強が互いに分断合戦を展開しています。アメリカは日露、日中を分断したい。中国は日露、日米を分断したい。そして全白人は日露戦争以後、つねに日中を分断しようと思っています。この事実を私たち日本人は絶対に忘れてはいけません。全白人の悪夢は、日本の頭脳と中国のマンパワーが一つになることです。だから尖閣諸島をめぐる日中の紛争は、戦争にならない限り欧米にとって大歓迎。

そしてアメリカが最も恐れるのは日本の核武装です。なぜなら、日本に核爆弾を落としたから。いつか日本が報復するのではないか、と内心思っています。日本人は誰一人、そんなことは考えていないのに。

世界の外交というのは幼稚園児の世界に等しく、力ずくで相手の持ち物を奪いたがる。先ほど日露首脳会談はセンスがいい、といいましたが、いうまでもなく北方領土は、ロシアが「火事場泥棒」で奪ったものです。千島列島と樺太に日露の人びとが居住していたのを、一八七五年に樺太千島交換条約（日本側全権は榎本武揚・海軍中将兼特命全権公使）を結び、外交上の線引きをしました。これが直近の、平和時における条約による領土の画定でした。すなわち樺太はロシアのもの、千島列島は日本のもの、とするのが妥当なのです。

ところがロシアは、アメリカが日本に原子爆弾を落としたどさくさに紛れ、満洲に侵攻したばかりか、何と降伏後の千島に攻め込んで日本の領土を強奪した。まさに火事場泥棒です。焼けた家の前で泣いている人から所有物を盗むロシア人の蛮行は、普通の泥棒とはまったく違う、はるかに卑劣な火事場泥棒として日本人の遺伝子に深く刻まれている。東日本大震災の被災地で略奪がなかったのも、火事場泥棒を忌み嫌う日本人のＤＮＡによるものといえるでしょう。

――安倍首相は、もちろん右の経緯はご存じですね。

藤原　そう思います。ところが物を知らないのが学者や評論家。日本のエコノミストなどは十中八九、アメリカ帰りで、アメリカ人学者の言い分が世界のすべてだと思っている。こういう人たちに大きな顔をさせているから、日本のメディアは信用できないのです。五％から八％、八％から一〇％という二度の消費税上げにしても、日本の五大新聞すべてが賛成するなど異常ですよ。国論を二分する大問題のはずです。

じつは日本の活字離れも、アメリカの反知性主義の影響の表れだと思います。哲学や文学は実利に役立たないから切り捨てる、という功利主義やプラグマティズム（実用主義）が根底にあります。彼らにとって実用書以外の本は読んでも時間のムダだから、知識や教養はそっちのけでインターネットに耽溺《たんでき》する。アメリカの小説では、登場するビジネスマンは往々にして無教養で愚かなキャラクターとして描かれます。

そもそも「本が役に立たない」という功利主義は、私にいわせれば愚の骨頂です。歴史を知らなければ、先述したポーランドのように国そのものが滅びてしまうことがある。わが国が西欧列強の植民地にならなかったのは、幕末から明治にかけて来日した外国人が、町人たちが本屋で立ち読みしているのを見て震撼したからです。幕末には江戸に八〇〇軒、京都に二〇〇軒もの本屋があったそうです。

江戸末期の識字率が九割を上回る、というのはヨーロッパ人の想像の限界を超えている。彼らは、自分たちよりもはるかに知識と教養をもつ人びとのいる日本を植民地にすることを早々と諦め、不平等条約を押し付けボロ儲けしよう、という戦略に切り替えます。皆が本を読むということはそれほどの防衛力になる。つまり読書とは国防なのです。

◇本屋こそ日本文化と精神の拠点

——素晴らしいお話です。では、日本の活字離れを止めるために何をすべきでしょうか。

藤原　まずは教育を改めること。英語など、教養の前には何の役にも立たないことを国民に知らせるべきです。そして街の本屋を守り、復活させること。そのためには荒技が必要です。小中高生のスマホ規制に加え、ネット書店での購入価格は、定価プラス消費税プラス送料実費とする、などの規制が有効です。昔、留学から帰ってきたとき、私を追いかけて来日した若いアメリカ人女性が二人（一人は金髪、一人は栗毛色）いました。そのうちの一人が、日本の本屋が黒山の人だかりなのを見て「なんてエキサイティングなの！」といっていた。その光景を取り戻さなければいけません。

街の本屋は、日本文化と精神の拠点にほかなりません。その支柱が倒れたとき、日本は本当に三流国になってしまう。

たとえば、友人が私の読んでいない『チボー家の人々』について話すときに消え入るような気持ちになり、ロマン・ロランの『魅せられたる魂』を手に持って歩く男がモテるのを見て書店に走り、家の書棚一面に本が並ぶ光景に幸せを覚える。これら日本人の行動一つひとつが、外国人をして「エキサイティング」といわしめる本屋をつくり上げたわけです。教養を育てる読書の意義、国語の大切さに比べたら、経済なんて取るに足りません。

かつて共和制ローマ期の政治家・キケロは語っています。「本のない部屋は魂のない肉体のようなものだ」と。また、戦前からマルクス主義とファシズムを強く批判しついには東大教授を追われた戦闘的自由主義者の河合栄治郎は、「本は借りるな。買って読め」といいました。読書が人生に与える意義をもう一度、顧みるべきです。

ここ二十年ほどの日本政府は、経済のためなら何でもする、という教義のもとで政策を実行しています。そして、世界の模範となるべき日本の国柄を台無しにしてきました。

「たかが経済」。この一言をスローガンに、日本は国家を立て直すべきだと思います。

四、町の書店がなぜ大切か

◇最も崇高な人間の営み

――藤原先生のインタビュー「読書こそ国防である」には、読者から大きな反響がありました。町の本屋こそ文化の拠点であり、インターネットで情報は得られても知識や教養は絶対に育たない、とのご意見に「よくぞおっしゃってくれた」と。

藤原　私の提言は、インターネットでの書籍流通に規制を加えて町の書店を救わなければならない、というもの。すでにフランスでは二〇一四年、小さな書店を守るため、ネット書籍販売で値引きした本の無料配送を禁じる法律を議会で可決しています。同国のフィリペティ文化・通信相は「わが国がもつ本に対する深い愛着を示した」と語り、フランス書店業組合は「アマゾンのやり方は市場獲得を目的とした不当廉売である」と述べました。

ヨーロッパではいま、反ネット書店の革命の気運が高まっています。たとえばオランダにエルゼビアという数学や医学、科学技術の専門出版社があります。エルゼビアは学術雑誌を次々と買収し、それらの雑誌をオンライン（電子）化して値段を下げ、ライバルの出版社を潰してから購読料をつり上げる、という暴挙を繰り返していました。

私はそのころ、お茶の水女子大学で図書館長をしていましたが、学術雑誌の値段が高すぎて購入できなくなり、次々に購入中止に追い込まれ、最後は研究者個人が他の大きな大学に論文をコピーして送ってもらう、ということにまでなりました。ケンブリッジ大学でさえ雑誌代が年間三億円にもなり、困り果てていました。

ついにケンブリッジ大学のフィールズ賞受賞者、ガワーズ教授を中心に数学者たちが立ち上がり、エルゼビアの出版する雑誌にはいっさい執筆せず、編集委員にもならず、論文の査読もしない、というボイコット活動を始めました。世界中で一万人以上の数学者がそれに賛同したので、エルゼビアもついに降参し、値段を下げました。いまもエルゼビアの雑誌購読サイトの高価な料金に対する反論はあり、二〇一九年には、エルゼビアは科学の発展を阻害している、との理由で大口顧客のカリフォルニア大学が契約を完全に打ち切ってしまいました。

ネットによる寡占を許すと、必ず寡占してからの大幅値上げが始まります。アマゾンも本屋を潰し、取次を潰してから、市場占拠後にエルゼビアと同じ手を使うことが危惧されます。本の価値をつり上げるばかりでなく、出版社の価格決定権や編集権まで握り、アマゾンの気に食わない本は売らないなど、思想統制につながりかねません。

世界最大級のエルゼビアに対する数学者そして科学者の果敢な戦いは、「学界の春」とも呼ばれます。口火を切ったガワーズはイートン校・ケンブリッジ大学というエリートト中のエリートですが、ケンブリッジ大学にいたころに話したことがあります。博士号を取ったばかりの若いガワーズに、これから数学研究者としてやっていくうえでの諸注意を与え、「まあ、頑張りたまえ」と励ましました。この十年後に彼がフィールズ賞を取った報に接したときは、恥ずかしさで気絶しそうでした。天才と知らずに、ヘッポコの私が偉そうな顔をして励ましていたのです（笑）。人を励まして後悔したのは、人生でこれだけです。
革命というのは、エリートや指導者が立ち上がらないかぎり実現しません。フランス革命もそういった人びとにより指導されました。ロシア革命は農民による反乱だと思われていますが、主導者のレーニンは貴族階級で（物理学者の父が一八八二年、皇帝より貴族の地位を得る）、トロツキーは豪農の息子でした。日本でも知識人や各層のトップが立ち上がり、国会議員を巻き込んでスマホ規制やネット書店規制の運動を立ち上げるべきでしょう。

――郊外型・ロードサイド型の大規模書店についてはどのようにお考えですか。

藤原　郊外に書店が増えるのは結構だと思いますが、本当に重要なのは駅前にある小さな書店のほうです。なぜか。
私は学部学生のころから七、八年ほど、すなわち二十代は数学のことだけを朝から晩まで毎日、考え続ける生活を送っていました。学問であろうと将棋や芸事であろうと、集中した鍛錬の期間なしに専門家になることは不可能です。もちろん、読む本も数学書だけ。ところが大学への行き帰り、駅前を通ると、嫌でも本屋の黒山の人だかりが目に入る。そして心に刻んだのです。「ああ、俺は阿修羅のごとく数学に打ち込んでいる。しかし教養のための読書という、人間の最も崇高な営みをサボっている」。

この傷を抱えたまま、専門書と向き合う歳月を過ごしたわけです。そしていつの日か、晴れて教養書を歓びとともに読み耽《ふけ》る。高校や大学の入学試験だって似ています。受験は教養とは無関係の「戦い」だから、まずは目の前の勝負に勝つため、読書などしていてはいけない。しかし、その間も「この戦いが終わったら、人生に必要な教養を身に付けるべく、文学や歴史を読まないと」という引け目を感じていることが大切です。読書に関する健全な罪悪感を老若男女に植え付けること。これこそ、駅前の小さな書店がもつ最大の存在意義です。

しかし現在のように駅前の本屋が軒並み消えていくと、中高生は本と出合う機会を失い、大学生も「専門以外の本も読まなければ」という強迫観念に囚われることがない。そして入学後は遊び呆けるか、せいぜい専門の勉強しかせず、結果として教養を身に付けるチャンスを逸し、大局観のないリーダーやエリート、そして国民ばかりになってしまった。

最近、呆れたのは、日本学術会議が「科学者は軍事研究を行なわない」とする声明（二〇一七年四月十四日）を発表したことです。もし私がその席にいたら、即座に次の質問をしたことでしょう。「科学技術と軍事技術のあいだに、いったい何の違いがあるのか」と。

――両者に違いはない？

藤原　ありません。学者の意図は別にして、現実として相対性理論と原子爆弾、量子力学とすべての近代兵器のごとく、近代のあらゆる科学技術は軍事技術と不即不離です。私の専門である整数論も、向こう五百年は現実には何の役にも立たない、といわれていました。しかし現在、暗号は整数論の世界です。暗号がないと、外交、軍事、経済ができないどころか、どんな電子カードも使えなくなります。

要は人間の思考というものに線は引けないのであって、軍事研究だけは拒否する、などという偽善、あるいはマスターベーションを学者が口にするようになったらお仕舞いです。酸素は吸うけれども炭酸ガスは吸わないぞ、といっているようなもの（笑）。そもそも、きちんとした防衛力により平和を保たないと、科学研究さえ成り立ちません。学問分野の細分深化により、文理を問わず学者が教養を失っています。官僚や政治家、経営者たちに至ってはいわずもがなです。

翻って、かつてのエリートたちの知的水準は素晴らしかった。政治家にしても官僚にしても財界人にしても、たとえば対談したことのある中曽根康弘さんや塩川正十郎（塩爺）さん、富士通の山本卓眞さん（元社長・会長）をはじめ、何人かの官僚は素晴らしい教養の持ち主でした。旧制高校を出た世代のリーダーたちと話すと、「こういう人たちが日本を引っ張ってきたのか」と感心することしきりでした。ところが近年の教育を受けた世代になると、話していてもほとんど知的刺激を受けることがありません。活字文化の衰退によるものと思われます。

◇無限の情報はゼロと同じ

——いまや本を読まない世代が、日本人の多くを占めるようになっています。

藤原　最近、日本の小学校で児童一人につき一台、タブレット（電子端末）を配っている、と聞いたときは目の前が真っ暗になりました。教科書をなくす第一歩と思います。小学生から教科書も読まず、自由にタブレット画面に没頭させたら、本の世界に対する憧れなど生まれようがない。「本嫌いの子供を量産する」という亡国の教育に、文科省も教師も親も命懸けで邁進しているのです。

私は時代潮流として、封建制や王政に対するアンチテーゼとして生まれた「自由の拡大」というのはすでに歴史的役割を終えている、と考えています。二十一世紀は、少なくとも先進国においてはむしろ「自由の制限」が要請されており、自由を許してはいけない時代なのです。グローバリズムやインターネットの跋扈《ばっこ》に国家が細心かつ勇敢に規制をかけるべきである、と断言します。

――インターネットを見ればいくらでも情報が入るので本は必要ない、という人もいますが。

藤原　人間にとって、情報がいくら増えようと無意味であることを知るべきです。以前のインタビューで述べたように、人間は本を読むことで初めて孤立した情報が組織化され知識となり、体験や思索や情緒により知識が組織化され教養となる。この階《かい》梯《てい》は、インターネットの画面を何百時間、眺めていても踏むことができません。

たとえば、私はＡＩ（人工知能）なるものを軽視しています。理由は簡単で、ＡＩに毎分一億句の俳句をつくる能力はあっても、そのなかで「いちばん優れた句」を選ぶことはできないからです。

フランスの詩人・作家のポール・ヴァレリーは、詩作のうえで重要な点を二つ挙げています。「一つは感動を呼ぶ良い着想や言葉を得ること、もう一つはそれらのなかから最善の言葉を選択すること」。ある人の「二つのうち、どちらがより重要なのでしょうか」という質問に対し、ポール・ヴァレリーは「後者である」と答えました。選択こそが最重要なのです。

無限イコールゼロ、即、無限とは空《くう》であると私は考えています。つまり、「適正に選択されない情報はいくらあっても無価値」ということです。詩や俳句、和歌を選択するには、その良し悪しを判断する「情緒」が必要です。人間の深い情緒は、究極的には人間の死に結び付いています。有限の時間ののちに朽ち果てる、という根源的悲しみがすべての情緒の中心にあります。したがって、逃れられない死のないＡＩは永遠に深い情緒を身に付けることができない。だから大したことはない、といえるのです。

日本が世界に誇る数学の天才・岡潔先生は、専門の多変数解析函数《かんすう》論の研究に入る前に「蕉門の俳諧をすべて調べなければならない」と悟りました。そして一年余りかけて松尾芭蕉と弟子の俳句を徹底的に研究したのち、やおら自分の研究に取り掛かり、二十年間で当時のその分野における三大難問といわれたものをすべて解いてしまった。しかも数式を工夫して答えを導き出すやり方ではなく、自分で新たな理論を作り上げ、そのなかにそれらの難問の解決が含まれるようにして解いたのです。

◇論理の出発点が誤っている

――あまりにもスケールが大きい。

藤原　岡潔先生の著作を見ると『情緒と創造』『情緒と日本人』のように、情緒が主要テーマになっています。天才数学者の洞察はかくのごとしで、情緒なくして論理はありません。よく「情緒が何の役に立つのか、論理的思考こそ重要だ」という人がいますが、明らかに欧米人の影響でしょう。彼らは「論理的かつ合理的に、理性に則って誠心誠意考えれば、必ず正答のゴールに辿《たど》り着く」と信じています。しかし、この論理過程には一つ抜け落ちているものがある。

――何でしょうか。

藤原　「出発点」です。論理というものは、AならばB、BならばC、CならばDというように、鎖を辿ってZという結論に至ります。ところが論理の出発点のAはつねに仮説であって、それが誤っていたら、いくら論理的、合理的思考を積み重ねようと、正しい答えには辿り着けない。

出発点の仮説を「選択する」際、決め手になるのがまさに情緒です。情緒は全人格から生まれるものであり、いかなる親の下に育ち、どのような友人や恋人、教師と出会ってきたか、どんな悲しい別れに出会ってきたか、そしてどんな詩や小説を読んで涙を流してきたか、などによって決まります。人間が直接、経験できる世界の範囲はあまりにも狭い。その実体験を補って余りあるのが読書です。

私たちが家族以外に真に心を通わせられる相手は、一生のうちせいぜい二、三人でしょう。ところが書物の世界では、無数の作者や登場人物とのあいだで深い心の交感ができる。たとえば宮沢賢治の『よだかの星』を読んで涙を流す、という経験を一度でもした人が、弱い者いじめに走るでしょうか。

――情緒が人間の抑止力になる。

藤原　情緒に加え、人間の判断にとって重要なのは大局観であり、弱者を思いやる惻隠の情です。これらはいずれも本を読むことによって得られます。児童文学や抒情小説や詩歌を読んで涙を流し、時代小説や講談本などに人情など庶民の哀歓を知り、歴史書から郷土愛、祖国愛を育み、哲学書に賢人の知恵を学ぶ。読書を積み重ねるうちに、氾濫する情報の渦から教養や情緒や美的感性によって「まともなもの」と「下らないもの」、本質と些細を選び分ける目が養われていくのです。

日本人は伝統的に情緒を重んじる民族です。中国のように利を尊ぶ国とはまるっきり違うのです。日本では、情緒や美的感性の乏しい人は、いくら頭が良くても、いくら金持ちでも尊敬を得られない。先ほど説明した論理の出発点の正しさに関わっている、ということに皆が無意識のうちに気付いているからです。

たとえば舛添要一・前東京都知事が都民はおろか国民から総スカンを食ったのは、法に照らして間違ったことをしたからではありません。知事が公用車で湯河原の別荘へ行くとか、飛行機のファーストクラスに乗ること自体は何の問題もない。私が都知事になったら、おそらく調子に乗って同じ事をするでしょう（笑）。彼が全国的非難を浴びたのは、不正行為ではなく処理や釈明、考え方が、日本人の美醜感覚に照らして「ケチ」「みみっちい」「さもしい」と判定されたからです。

現代の政治家は学歴秀才が多く、論理的思考で突っ走る人が多い。しかし論理的思考が正しくても、出発点を間違えれば結論も必ず間違いとなります。論理と同等かそれ以上に重要な、出発点を選ぶ力が「情緒力」です。日本人の場合は惻隠などの情緒や美的感性、卑怯を憎む心、武士道精神に基づく道徳が、私たちの論理の出発点を形づくっている。

――本を読まないと、私たちは日本人にもなれない。

藤原　したがって小学校や中学校のうちは携帯やスマホ所持の自由など禁じて徹底的に本を読ませ、昼休みは校庭を走り回ったり、仲間と談笑する時間に充てるべき。ところがいま学校では対話や議論をしないどころか、クラスメイト同士のお喋りすら少ない。皆、欲求不満を抱えて陰でスマホやネットに誹謗中傷を書き、いじめに走るわけです。

◇日本人の誇りを守る装備

――インターネットの普及以外に、本の衰退の理由はあるでしょうか。

藤原　読書離れという現象の背後にあるのは、グローバリズム、アメリカニズムの拡大と浸透です。アメリカという国の生い立ちからして、彼らは古いヨーロッパ世界に訣別して（実際は、食い詰めて）海を渡った人びとの集まりです。ヨーロッパの哲学や芸術文化、伝統、慣習を古いものとしてことごとく否定しようとします。知識階級を除くアメリカ人、とりわけビジネスマンは実用書以外の本は読もうとしない。

ところが「無教養は恥じゃない」という現実主義や功利主義は、ヨーロッパでは通用しません。私はイギリスのケンブリッジ大学に留学中、フィールズ賞を受賞した著名な数学者に、初対面でいきなり「夏目漱石の『こころ』と三島由紀夫の自殺のあいだに何か関係がありますか」と問われ、驚きました。ヨーロッパの知識階層では、初対面で相手の教養をテストし、合格者だけを仲間のサークルに入れる、というイヤラシいことを当然のように行なっています。教養のない人は話してもつまらない、と思うのでしょう。「元寇の一回目（文永の役）と二回目（弘安の役）の違いは何か」とか「縄文式土器と弥生式土器の違いは」とか。答えられます？

――いいえ。帰ってからグーグルで検索を……というのでは失格ですね（笑）。

藤原　そういう人は西欧人に対してニコニコしているだけで、舐められてしまう。教養はいざというとき、日本人の誇りを守る装備でもあるのです。実際、わが国には連綿と続く皇室の歴史や日本語という母語、美しい自然など誇るに足る歴史と文化、文学、風土がある。前述の岡潔先生はフランス留学中、「文化についていえば、当時の私にはフランスから格別学ぶべきものがあるとは思えなかった」（『岡潔集第一巻』「フランス留学と親友」より）と断言されています。

私のような自信過剰で傲慢な人間でさえ、パーティでノーベル賞受賞者たちに取り囲まれたりしたときなどには、近代ヨーロッパの知性に圧倒されかけることがある。しかしそのたびに、島崎藤村の「小諸なる古城のほとり」の詩とともに、郷里の信州の情景が脳裏に浮かぶわけです。「そうだ、俺はあの美しい信州で佐久の草笛を聞いて育ったのだ。おまえたちにこの情緒はわかるまい」と再び胸を張り、翌日から欧米人に負けじと阿修羅のごとく研究に励む。

イギリスの作家サミュエル・スマイルズいわく、「国政は人民の光の返照なり」(『自助論』中村正直訳)。国民一人ひとりの知性の輝きがなければ、いくら軍事費を積み重ねようと、経済成長を続けようと真の国力にはならない、ということです。

◇もっと国民の教養に厚みを

──一部のエリートだけが本を読み、勉強すればよいわけではない。

藤原　そのとおり。私に対して「教養や読書が大切だというけれど、世界一の教養を誇ったドイツ人はヒトラーごときに騙されたではないか」という人がいます。ヒトラーが権力を掌握するために真っ先に行なったのは、ナチスからのドイツ教養市民層の排除です。インテリ階級を黙らせることで、ドイツ民族主義によるナチスの独裁政権を築いたのです。日本の軍国主義時代にもインテリは言論を弾圧されました。

ソ連の独裁政権もまったく同じ。スターリンは一九四〇年、占領したポーランドで将校や聖職者、知識人数千人を駆り集めてカティンの森へ連行し、穴の縁に立たせ、後頭部から射殺してそのまま埋めました（カティンの森事件）。カンボジアのポル・ポト政権も知識人を次々と政治犯収容所（キリング・フィールド）に送り込んで殺し、ついには新聞や本を読む者、最後は眼鏡を掛けているというだけでどこかに連行され、二度と帰ってきませんでした。日本が独裁国家だったら眼鏡のあなたも真っ先にれ（笑）。

――やめてください、縁起でもない。

藤原　以前、アンコールワットのホテルで、二十歳ほどの小柄なウェイトレスに将来の目標を聞いたら、「学校に戻りたい」という。てっきり大学に進学したいのかと思ったら、なんと小学校に戻って勉強したい、という。胸がこみ上げ、思わず絶句してしまいました。この可哀想な娘が忘れられず、次の日、現地ガイドに「カンボジアにも当然、無料の義務教育はあるんでしょう」と尋ねると「あります」という。「校舎は？」「あります。先進国が援助してくれたので」。インテリを殺しすぎたため、授業を教える先生がいなかったのです。

教養知識人の存在はつねに常軌を逸した行動に対する制動力、ブレーキであり、自分の望みどおりの社会改造や改革を強引に推進しようとする為政者にとっては邪魔者でしかない。私が申し上げたいのは、インテリ勢力が少数派ではすぐに排除され、弾圧されてしまうため、独裁や戦争への道を止められない、ということです。かつてのドイツの教養市民層や日本の旧制高校出身者の割合はせいぜい国民の一、二％でした。もっと国民の教養に厚みをもたせなければならない。

――幸いにもわが国には江戸時代以来、庶民のあいだで高いレベルでの活字文化がありましたね。

藤原　それをむざむざ潰そうとしているのが、グローバル化教育や英語教育の推進論者、インターネット信奉者たち。グローバリズムや自由主義、教育改革という美名に隠れた「教養の破壊」を止めなければ、弱者はますます追い込まれ、社会は荒廃し、最後には世界が大戦争という同じ過ちを犯すことになります。トインビーのいったように「人間とは歴史から学ばない生き物」なのです。民主主義とは国民の総意で決まる政治形態です。一人ひとりが教養とそこから生まれる判断力をもっていることにより初めて成り立つのです。こう考えると、初等教育の目標はただ一つ、自ら本に手を伸ばす子供を育てることだとわかります。勇気をもって携帯、スマホ、アマゾンなどの規制に踏み切るべきと思います。

五、デジタル本は記憶に残らない

◇活字本との本質的な違い

——藤原先生のインタビュー（「読書こそ国防である」「町の書店がなぜ大切か」）は本屋さんの経営者から現場の担当者まで、多くの方々の好評を博しました。

藤原　日本人の書店離れ、本離れは国家にとって致命的です。二〇一八年二月二十六日、大学生を対象に行なったアンケート（一万二一名、全国大学生活協同組合連合会調べ）では「大学生の五割以上が一日の読書時間ゼロ」という恐ろしい結果が出ました。勤労者を含んだ調査ならまだしも、勉強を旨とする大学生の半分以上が読書時間ゼロというのは、驚くべき事態です。読書文化の衰退もついにここまで来たか、と思いました。読書文化の衰退イコール知的能力の衰退なのです。

——同じく二十六日には、二〇一七年における電子版の漫画単行本の推定販売金額が、紙の漫画単行本の同金額と逆転した、と報じられました（出版科学研究所調べ）。

本のデジタル化をどのようにご覧になっていますか。

藤原　とくに私が懸念するのは、小学校の教科書のデジタル化です。デジタル化をビジネスチャンスと捉えるＩＴ企業や経団連の尻馬に乗って、「子供たちが重い教科書を持ち運ばずにデジタル端末で授業を受けられる」とか「将来のＩＴ化に対応できる人材をつくる」とかの愚かな話を、文部科学省や教育学者や学校が本気で行なおうとしています。この憂慮すべき事態の発端は、民主党政権の時代、ソフトバンクの「光の道」構想に議員たちが乗ったことにあります。

――「30年後の日本の中核を担う人材は、ＩＴ技術を自由自在に操れる人々でなければなりませんが、それは今日時点の小学生の皆様ということになります。彼らのＩＴリテラシーを高めるためには、幼少期からの教育を欠かすことができません。そのため、今から全ての教員・生徒に、電子教科書を無償配布したり、教育クラウドを構築するなど、身体で自然に覚えるような環境を造る」（「ソフトバンクＮＯＷ」二〇一〇年十一月十七日、同社ホームページより）という構想ですね。

藤原　英語やＩＴのリテラシー（活用能力）より前に人間としての思考能力や情緒力や教養を培わないといけないのに、順序が逆です。また、ＩＴ教育の推進派は「活字本なんかなくていい、デジタル本だけで用が足りる」といいますが、デジタル本と活字本には本質的な違いがあります。それは「自然に目に入ってくるかどうか」。デジタル本はパソコンや電子端末の内部にあるから、機器を立ち上げてクリックしないかぎり、タイトルや内容を見ることができません。一方、本棚にある本は何もせずとも自然に表紙のタイトルが目に入ってくる。

問題は、この「視界に入るか否か」が人間の記憶や情緒と深く関わっている、という点です。

写真を例に取って説明しましょう。昔はカメラで撮ったフィルムを写真屋へ現像に出し、プリントされた写真を「新婚時代」「子供の成長」などテーマ別のアルバムに収め、本棚に入れていました。ときどき手に取って開き「ああ、いまでは『あなたの顔をじっと見ていると具合が悪くなる』、などと戸主を戸主とも思わない女房も、このころは素直で従順で可愛かった」「ドラ息子たちも夢のように愛らしかった」などと思い出に耽るわけです。

――翻って現在は、ケータイでかつての一〇倍以上も写真を撮りますね。現像代もかからず、アルバムの置き場にも困らない。

藤原　ところが往々にして、パソコンや携帯電話に保存した写真は撮りっ放しで溜まる一方、見返すことがほとんどない。そのうちに、撮った写真が何だったかすら思い出せなくなってしまう。

じつは読書もまったく同じことです。紙の本の場合、たとえば部屋に入ってふと本棚に目が留まる、あるいは畳に寝転んで本棚を見上げると「あ、失恋時代に読んだ詩集だ」と気付いて本を手に取る。すると、自分がどんな思いでその詩集を読んだかが、当時の記憶とともにありありと蘇《よみがえ》ってくる。私のように逐一、本に線を引いてコメントを記す読者は、気になった箇所に「すごい」とか「ふざけるな」など批評が記してあり、たいへん参考になります（笑）。

つまり、紙の本に蓄積された記憶そのものが個人の「宝物」であり、人生のさまざまな思い出を蘇らせるとともに、人間の感情や思考を深めてくれる。たとえデジタル本の書名や読書履歴がパソコン内に一覧表となっていようと、その人が無味乾燥な一覧表から意識して一冊を選びファイルから取り出さないかぎり、過去の読書や自分の思い出に出会うことはない。開いても、そこには怒りや感動や涙の痕跡がない。

――あるいはコンピュータに「おすすめ」されるか。

藤原　いずれにせよ紙の本のように、自然なかたちで私たちの思い出を引き出し、高次の情緒を育んでくれることはありません。手紙とケータイメールとの本質的違いも同様です。本屋とネット書店との違いも似ています。

英語に「Out of sight, out of mind.」ということわざがあります。よく受験英語では「去る者は日々に疎《うと》し」(『文選』より)という訳が充《あ》てられますが、原義はsight(視野)に入らない、つまり「見えなくなったものは忘れられてしまう」という意味です。紙の本と異なり、デジタル本は「見えなくなる」から、読んだことすら忘れてしまう。

この点、紙の本とは決定的な差があるわけです。

――思い出を蘇らせてくれる紙の本を、部屋が狭くなるというだけでデジタル化して捨ててしまうのはもったいない。「記憶こそ人間」だとすれば、人生自体の否定です。

藤原　ましてや、デジタル教科書を初等教育で押し付けることがいかに犯罪的か。小学一年生になり、新しい教科書をもらって手に取ったときの喜びがインクの匂いと共に記憶に蘇る。この幸せな経験を子供から奪い去ろうとしている。本への愛着を破壊する教育は、まさに亡国の政策です。日本人の本離れをさらに加速させる愚行を、文化人や各界のリーダー、政治家は何としても止めなければなりません。

◇なぜ世界に追随してしまうのか

――藤原先生は二〇一八年一月、『管見妄語　常識は凡人のもの』（新潮社）を著されました。なかでも印象に残っているのが、文明開化に伴う夏目漱石の葛藤を引いて

「我が国の伝統や文化、情緒やかたちを忘れたまま、政治も経済も何もかも、世界がその方向だからというだけで追随している」という憂いを記された箇所です。

藤原　わが国が世界の趨勢《すうせい》に追随してしまう理由として、日本人の弱さと共に「謙虚さ」が挙げられます。かつて幕末、明治維新のころは帝国主義の全盛期で、世界の制覇を目論む西欧列強がアフリカや中近東、アジアを平らげて極東の日本に達した時代です。その際、あろうことかわが国が西欧文明に対して引け目を感じてしまった。とりわけ日本の指導者が、文明開化の波に圧倒されてしまったのが致命的です。

本来なら、欧米の指導者を摑《つか》まえて「おまえたちは帝国主義を恥ずかしいと思わないのか」と一喝すべき局面だった。武士道精神に悖《もと》る帝国主義の植民地支配、人種差別に対し「弱い者いじめをするな」と。それが口に出せなかったのは、わが国に皇室という二千年の歴史や美しい自然、世界一の道徳心や礼節や惻隠、日本語が生んだ圧倒的水準の文学がありながら、その「誇り」を一瞬、西洋の進んだ文明に目が眩《くら》み、忘れてしまったからではないか。富国強兵や文明開化は必要でしたが、「私どもの国に誇れるものなどありません」とつい己を卑下してしまったように思います。明治初年、東京帝大のあるお雇い外国人が日本のインテリに「貴国の歴史を教えてください」といったら、「わが国には歴史などありません。野蛮なものだけです。歴史はこれからつくります」と答えたそうです。

欧米人に謙譲の美徳が通ずるとは限りません。結果として、彼らは日本を見下すことになりました。江戸時代に幕府が結んだ不平等条約のうち、関税自主権は締結からじつに五十年以上、明治四十四（一九一一）年まで返ってこなかった。アメリカ、とくにイギリスは、日本の自主権を頑として認めず、関税を一方的に課して巨大な儲けを出し続けました。このため明治時代を通じ、わが国の財政は火の車でした。大正三（一九一四）年に始まった第一次世界大戦のおかげで、ようやっとすべての借金を返済することができました。お金に貪欲なのは、中国だけでなく欧米も同じなのです。

――ロシアのプーチン大統領も、日本がいくら謙虚で友好的な姿勢を貫こうと、北方領土を返す気は微塵《みじん》も見えませんね。

藤原　さらに大正時代のマルクス主義の浸透や、昭和におけるナチズムの浸透も、日本人の謙虚さや自信のなさが招いた西欧崇拝が根元にある、といえるでしょう。

ヒトラーは著書『わが闘争（Mein Kampf）』のなかで、日本に文化などというものはなく、ヨーロッパの科学技術を模倣・装飾したものにすぎない、として以下のように記しました。「特に日本的な文化ではないのであって、それはヨーロッパやアメリカの、したがってアーリア民族の強力な科学・技術的労作なのである。これらの業績に基づいてのみ、東洋も一般的な人類の進歩についてゆくことができるのだ」（角川文庫・上巻）。

ヒトラーが日本を侮蔑したこれらの箇所は、戦前の『わが闘争』翻訳版から削除されました。第二次世界大戦当時、日本とドイツは同盟国です。同盟相手であるドイツのヒトラーの日本に対する侮蔑を、割愛してなかったことにしてしまった。同盟を結んでから、ヒトラーは日本を褒めたたえました。

しかし、同盟国を欺くのは「世界の常識」です。第二次世界大戦時のアメリカの同盟国イギリスもそう。たとえば敵国ドイツの暗号「エニグマ」を数学者アラン・チューリングたちが解読したにもかかわらず、イギリスは解読の事実をアメリカに伝えませんでした。それどころかイギリスは、戦後三十年間近くも、占領したドイツから奪ったエニグマ暗号機を英連邦の国々に「解読不能の暗号」として使わせ、それらの暗号通信をこっそり読んでいたのです。現在、日本の情報活動はアメリカ頼りです。同盟国アメリカの暗号を盗み読むことが最も大切なのに、呑気なものです。

——また先の大戦に関して、ソ連のコミンテルン（共産主義インターナショナル）の工作が日本とアメリカの政権内に及んでいたことが今日、知られていますね。

藤原　幕末以来、日本の主敵はロシアでした。スターリンは第二次世界大戦時、ドイツとの戦いに兵力を傾けたかったけれども、ソ連・満洲国境付近には日本の大軍がいた。そこでソ連は毛沢東を焚《た》き付けて日本を中国との戦いに深入りさせ、ソ連に侵攻してこないようにしました。

問題はソ連の陰謀に気付かず、挑発に乗ってしまった日本の指導者の大局観のなさ。日本の政府にもマスコミにも、工作員といってよい人びとが浸潤していました。

スターリンを助けたい一心の、ほとんど社会主義者と呼んでよいルーズベルト大統領は、日本と戦争になれば日独伊三国同盟によりドイツとも戦争になる、そうすればソ連の苦境を救えると考え、日本に最初の一発を撃たすことに全力を傾けたのです。鉄や石油の対日禁輸、アメリカにある日本資産の凍結などこれでもか、これでもかと挑発しました。最後通牒となったハル・ノートをつくったのは、政権内の財務次官補という要職にいたハリー・ホワイトでしたが、戦後の一九四八年、スパイ容疑で下院非米活動委員会に召喚された彼は、容疑を否定した三日後、自殺しました。ソ連崩壊後に情報公開された暗号文書（ヴェノナ文書）で、ハリー・ホワイトがソ連のスパイだったことが確認されました。

コミンテルンの世界的陰謀を、日本は視野に入れていませんでした。日本人の視野は、島国状態が長く続いたためか、狭小になりがちです。現在でも歴史学者などはコミンテルンの活動を論破しようとせず、「陰謀論」と一刀両断に切り捨てたまま、大東亜戦争を考察しているようです。「陰謀論」とはGHQ史観を死守するための合言葉のようです。

戦後、アメリカ占領軍による言論統制（『閉ざされた言語空間』江藤淳著に詳説）により「戦争は一方的に日本が悪かった」と洗脳されましたが、それがいまだに脈々と生きているのです。エリートだけではなく、日本人一般に至るまで「誇り」を失ってしまいました。そこから「欧米の文化はすべて日本より優れたもの」という恐ろしい錯誤が生まれ、アメリカニズムの浸透すなわち教養の軽視と功利主義の跋扈が始まり、小泉＝竹中政権以来の新自由主義、グローバリズムによる構造改革、IT・英語教育礼賛論に至る流れができたのです。

◇他国を圧倒する日本の型

――日本の指導者やエリートが誇りを失いはじめたきっかけは、どの時代にあるのでしょうか。

藤原　元を正せば、明治時代です。札幌農学校を出てアメリカのジョンズ・ホプキンス大学、さらにドイツに留学した新渡戸稲造が、明治三十九（一九〇六）年に旧制一高（第一高等学校）の校長に就任すると、日本的なものを排し、西洋的教養を身に付けさせようとしました。幕末の南部藩に生まれ、一九〇〇年に『武士道』を著した新渡戸稲造にとって、武士道精神は当たり前のごとく骨身に浸みわたっているもので、あらためて身に付けさせるものとは考えなかったのでしょう。この教育方針は間もなく他の旧制高校にも伝播しました。ところが当時、旧制高校で学んでいたのは明治二十年以降の生まれで、武士道から遠くなっている人びとでした。大正から昭和・戦前に活躍するこれらのエリートから、漢籍の教養、武士道精神や道徳、礼節、惻隠の情など「日本人の型」が徐々に忘れられていったのです。

日本の型を忘れた人間は根なし草のようなもので、外国からの新しい型にすぐに圧倒されてしまうのです。これらエリートは、大正デモクラシーに圧倒され、次いでマルクス主義にかぶれ、昭和になるとナチズム、軍国主義に圧倒され、戦後は現在に至るまで、ＧＨＱの「日本は戦争犯罪国」というプロパガンダや、アメリカ金融資本の新自由主義すなわちグローバリズムと、次々に圧倒されました。たとえば武者小路や志賀は大正デモクラシーを支え、大東亜戦争ではシンガポール陥落を賛美しました。

――志賀直哉は戦後、「日本語廃止論」を訴えましたね。

藤原　「世界一美しいフランス語を国語にしたらどうか」と提言までして（『改造』昭和二十一〈一九四六〉年四月号）、多くの志賀文学ファンを悲しませました。母語の徹底なくして教育はありませんし、真の国際人も育ちません。

幕末維新の遣欧米使節団や天正遣欧少年使節が世界で尊敬の念を浴びたのは、英語が上手だったからではありません。幕末の一八六〇年、江戸幕府が日米修好通商条約批准のため、遣米使節を送りました。彼らは正装の紋付き袴《はかま》をつけ、腰に日本刀を下げてニューヨークのブロードウェイを行進しました。その威厳、気品、礼節に見物の五〇万人が感銘を受けました。そのうちの一人に詩人のウォルト・ホイットマンがいましたが、感動のあまりこれを詩にしました（『草の葉』のなかの「A BROADWAY PAGEANT」）。

安土桃山時代の天正少年使節四名は、ポルトガル、スペイン、イタリアを行進しましたが、その凜々《りり》しさ、気品に感動し、沿道の婦人たちは涙を流したそうです。海外の地に下り立った瞬間、気品、道徳、礼節など堂々たる「日本人の型」を身に付けていたことが相手に即座に伝わったからです。

西洋社会において、道徳はもっぱら教会が教えるものです。嘘をついて悪事を働いた者は死後に煉獄《れんごく》へ落とされる、という「恐怖」が道徳の根幹をなしている。しかし日本社会において、道徳はあくまでも家庭の躾《しつけ》として学ぶもの。罪と罰という面倒な論理ではなく、シンプルに会津日新館の「ならぬことはならぬものです」とか「お天道様《てんとさま》が見ている」「汚いことはするな」といったものです。卑怯を憎む心、惻隠、もののあわれなどの美的情緒、といったものこそ他国を圧倒する日本の型というべきものです。

◇グローバル教育は周回遅れ

――まさに藤原先生のお父さま（新田次郎）が実践された教育ですね。

藤原　私はアメリカとイギリスに留学し、また世界各地を旅するたびに、道徳規範や思いやりなどで日本は他国を圧倒的に引き離している、という印象を深めています。躾、忖度《そんたく》、惻隠など、日本人ほどの国はどこにもありません。中国人にこの三つはほとんどないし、米英は説明すればいろいろ親切にしてくれますが、黙っていれば気付かない。気付いてもおせっかいになるから、と何もしてくれません。

この誇るべき事実を忘れて、外国の真似ばかりするのは危険です。いくら英語を学んだところで国家の繁栄に結び付かないことは、二十世紀を通じて斜陽を続けたイギリスが劇的に証明しています。彼らは世界一、英語がうまい人たちですよ（笑）。しかし金融以外の経済はまったく駄目。アジアで英語を公用語としているのはインド、パキスタン、シンガポール、フィリピンの四カ国ですが、経済はシンガポール以外はいまだ後進国です。重要な商談や外交交渉などは専門の通訳を雇うべきものであって、英語と経済繁栄は何の関係もありません。これら四カ国を見てもわかるように、国際人になれるわけでもありません。そもそもアメリカの大学生で、国際人といえそうなのは、私の見たところ五人に一人くらいと思われます。

さらに興味深いことに、私の知るかぎり、英語に堪能な日本人ほど、小学校からの英語教育に否定的です。小学校では英語より国語、国語、国語なのです。反対に、英語ができない人に限って「親の仇」とばかり、わが子に英語を無理やり覚えさせようとする。こんなことでは、英語の発音が少しばかりよいだけの、無教養で薄っぺらな日本人ばかりになってしまう。日本人の型を忘れて舶来のものにひれ伏してしまった世代が、英米への劣等感を継承させせようとするのだから始末に困る。

——余計なお節介。

藤原　英語熱は日本だけでなく世界中です。こんなことをしていると、いつか英米文学だけは世界中で読まれ、日独仏露中などの文学は、質的には英米文学に決して劣らないのに翻訳でしか読めなくなる。政治・経済・文化と広範な領域で、英語を母国語とする英米の発信力が飛躍的に高まり、英米文化が覇権を握ることになります。絶対に許してはいけないことです。それぞれの国や地方が、それぞれの国語や方言を書き、話すという不便な世界のほうがはるかによいのです。

北海道から沖縄まで、小学二年生が同時に「掛け算九九」の七の段を学んでいる日本の光景は素晴らしい。ひとえに全国一斉の指導・検定教科書の賜物です。多くの国々では州ごとに教育内容も水準もバラバラで、基礎・基本を叩き込むディシプリン（鍛錬）に欠けている。それに気付いた欧米の学者は、一九八〇年代から「日本の真似をしないと経済で独り勝ちしている日本に勝てない」と言い出しました。ところが日本の教育学者はそれ以前の欧米の論文を読んで、九〇年代後半から二〇〇〇年代にかけて、欧米の真似をして「ゆとり教育」を推進しました。

ゆとり教育が「ゆるみ教育」であることが立証されたのちに、次に来たのが「フィンランド方式に学べ」です。ＯＥＣＤ（経済協力開発機構）加盟国の学力試験でフィンランドが最も優秀だったというのが主な理由ですが、やはり最近、下火になりました。理由は簡単で、移民が入ってきてレベルがグーンと下がったからです。

にもかかわらず日本は、中国や韓国も小学校から英語を精力的に学ばせている、日本もそうしないと負けてしまう、などといって小学五年生からのスタートだった英語を小学三年生からにします。経済は比べようもなく弱体で、ノーベル賞も取れない国の真似をするのですから頭がクラクラします。ほかにもＩＴだのプレゼンテーションだのといった、グローバル教育という周回遅れの小手先技術に飛び付いています。次から次へと海外の真似をして、日本の教育が江戸初期から二〇〇〇年ごろまで四世紀にわたって世界で断トツだった、という事実に気付いていない。

わが国の初等教育の真髄は「読み・書き・算数」という基本の徹底にあります。なかでも大切なのが「読み」すなわち読書。電子端末などかなぐり捨てて、とにかく子供に本を手に取ってもらわなければ、本当に国が滅びます。

子供に英語やＩＴを詰め込めば国際人になって多様な価値観が育つ、というのはじつに浅はかな人間観です。そもそも教育改革はしっかりした人間観、歴史観、理系・文系への造詣、世界と日本への精通、そして何より深い情緒などが必要となるため、経済改革や政治改革などよりはるかに難しい事業です。経団連の意向を受け、政府が思い付きで改革してよいものではない。

◇外交はよいが……

――教育政策において、政府に求められるのもやはり脚下照顧でしょうか。

藤原　安倍首相は外交センスがあります。北朝鮮の核・ミサイル問題についても、「金正恩を徹底的に経済制裁で締め上げる」という現在の方針は大正解。北朝鮮のミサイルは現時点ですでに東京やソウルに届くから、いまアメリカが北朝鮮攻撃に踏み切ってしまったら、困るのは日本と韓国です。アメリカは困らない。安倍首相はそのことを知っていて、北朝鮮を即刻潰してしまいたいトランプ大統領を懐柔しながら、日米関係を絶妙にコントロールしている。ごく最近は、経済界からの圧力もあるのでしょうが、習近平主席への「おもねり」が見られるなど、歯車が狂っているようです。

しかしながら、残念なことに教育政策は初めから終わりまで「つける薬がない」といわねばなりません。第一次安倍内閣では「バウチャー制導入」などといって恥をかいたし、ここ数年間も小学校でのＩＴや英語に熱を上げています。小学校は週に二十数時間しかない、ということさえわかっていません。週に百時間あればＩＴや英語もよいかもしれませんが、二十数時間では、そんなものに子供たちの大事な時間を費やす暇はないのです。よしんば英語が少しばかり身に付いたとしても、いまの小学生が大学を卒業するころは、スマホさえ持っていれば英会話をすることができるようになります。何のための小学校英語か。小学校教育の最大目標は「自ら本に手を伸ばす子」を育てることなのです。これが人間をつくり、日本人をつくるからです。

――つくづく藤原先生が文部科学大臣だったらいいのに、と思います。

藤原　ダメです。身体検査で引っ掛かる（笑）。昔付き合った世界中の女性たちにあることないことを週刊誌に告げ口された挙げ句、女房に離縁されてしまう。

六、本を読まない「日本の反面教師」トランプ

◇英国紳士が絶対に使わない言葉

――対中貿易戦争を仕掛けるなど、相変わらず過激なドナルド・トランプ大統領への毀誉褒貶《きよほうへん》が絶えません。藤原先生はどのようにご覧になっているでしょうか。

藤原　アメリカと英国の両方で暮らした経験からいうと、英国人の目から見たトランプ氏は、あたかも本を一冊も読み通したことがない人物のように映ります。アメリカ的なビジネスマンの典型で、無教養な不動産成金。アメリカの小説に登場するビジネスマンは、「本を読むなど時間の無駄だ」という野蛮なキャラクターと相場が決まっています。

とくに英国紳士にとってのトランプ氏は、いまや完全に軽蔑の対象となっている。第一の理由は、彼のアメリカ的な言葉遣いにあります。たとえばアメリカ人は「得る」「手に入れる」というとき、何でも「get」を使いたがる。しかし英国紳士はできるだけこの言葉を避けようとします。なぜならエリート養成のパブリックスクールで「getは美しい英語ではない。君たちエリートが口にする言葉ではない」と厳しく教わったからです。代わりに「obtain」を使うように、といわれる。

ところが、アメリカではobtainという表現はすでに文語であり、現代会話ではほとんど使われていない。母国語として英語を使っても、英米のあいだには大きな意識の差があります。とくに英国紳士にとって不可欠なものは「教養」だから、いくら大富豪になっても教養がない者は紳士階級に入れない、という伝統があります。したがって成功者で紳士階級に上がりたい者は、まず息子をパブリックスクールへ入れ、教養をつけさせ、息子の代から紳士になれるように努力しました。紳士階級は、かつてはジェントリーといわれた、貴族のすぐ下の身分であり、紳士道は騎士道から発達したものです。

英語の発音に関しても同じ。アメリカ式英語は、英国では見下されます。私も英国に行ったばかりのころ、アメリカのガールフレンドに仕込まれた英語を得意気に話していたら、外国人登録に訪れたときの警官、大学教官、タクシーの運転手などに「アメリカ人か」と聞かれました。数カ月もしてからやっと軽蔑されていると気付いたので、英国式で話すよう心掛けました。

テレビニュースで見たのですが、トランプ氏は大統領選挙中の二〇一六年三月、イリノイ州やケンタッキー州の集会での演説中、最後部で自分に批判の大声を上げる人たちを指さして「ゲレムアウタヒア」と言い放ちました。

――えっ？　何といったのですか。

藤原　「あの連中をつまみ出せ（Get them out of here）」。日本人が聞き取りにくいのは、「them」のｔｈや「of」のｆなどを端折《はしょ》ったうえ、ｔをｒのように発音するから。典型的なアメリカ英語です。

さらにトランプ氏は大統領選挙の際、メキシコから来た移民に対して「強姦魔（raper）」という言葉を使いました。

――二〇一八年四月にも、不法入国の集団のなかで「かつてない人数の女性が強姦されている」と断定しています。

藤原　英国の紳士淑女にとっては口にするのも憚《はばか》られる言葉をひっきりなしに使いますが、英語が不得手な日本人はまだしも、英国人には翻訳抜きでダイレクトに伝わるから始末に負えません。さらに、トランプ氏の発言のなかには「あまりに下品な言葉なのでニュースで流せない」という理由で、一般に知られていないものも多い。

昨年、わが家を訪れた英ケンブリッジ大学出身の六十代の英国人女性は、トランプ氏を評して「愚か者（stupid）」と語りました。また以前、ランチに訪れたオックスフォード大卒で五十代の英国人夫妻いわく、彼は「正気ではない（crazy）」。どちらも三十年来の友人で、普段なら絶対にこのような強烈な表現は使わない人びとです。それほどのエリートではない英国人がトランプ氏を「脳たりん（moron）」というのも聞いたことがあります。

――それだけ彼の物言いが腹に据えかねている。

藤原　英国人のインテリは、たとえ論争で相手に反論するときでも、アメリカ人のようにいきなり「私はそう思わない（I don't think so）」とはまずいいません。頭ごなしに発言を否定するのは野蛮な物言いだと考えているからです。婉曲的に「むしろ私ならこう述べます（I would rather say ～）」などという。オブラートに包む発想が日本人とよく似ている。

一方、トランプ氏の発言はつねに場当たり的・反射神経的で、「ちょっと待てよ」と感情を抑えたり、表現を和らげようとはしません。トランプ氏に欠けているのは、自らの存在をいったん外に置いて状況を俯瞰する「バランス感覚」。実際、トランプ氏の反応はつねに逆上して相手を非難するか、絶賛するかのどちらかです。そのうえ、直後に正反対の評価をしたりする。感情の赴《おもむ》くままに動き、紳士的な「抑制」が見られません。

また、英国紳士がとりわけ忌避するのは自慢話です。日本でも自慢をする人間は嫌われますが、英国はそれ以上です。私がケンブリッジ大学にいたとき、お世話になった家主がいて、「暖房が効かない」とか「お湯が出ない」とか電話を掛けると、すぐに飛んできて直してくれる。お礼に一度、わが家（といっても彼のもの）にディナーに招き、女房がレンタルしていたピアノでバッハの「イタリア協奏曲」を弾いてやったりして歓待しました。自分も弾いたことがある、といって彼は大喜びで話に花が咲きましたが、彼は病院で働く麻酔医でした。

そこでケンブリッジに住むことになった理由を尋ねると、亡くなったお父さんが、ケンブリッジ大学で生化学の研究を行なっていた、という。何気なく私が「よほど優秀な学者だったのでしょうね」といったら、「ええ、いちおうノーベル賞はもらってます」（笑）。

そこまで重ねて質問しないと、父親の自慢話にすらたどり着かないのです。しかしそのときの、彼の顔の嬉しそうだったこと。自慢は地球上の誰だってしたいのです。いかに日ごろ「自己顕示は卑しい人間のすること」と抑制を利かせているか、よくわかります。まさに武士道の痩《や》せ我慢そのもので、「謙虚」を旨としている。派手な物言いや主張で自己顕示を図るのは、英国紳士や日本武士の姿ではない。

ところが、この「教養」「バランス感覚」「抑制」「謙虚」の四つを見事なまでに欠いているのが、トランプ氏という人物にほかならない。彼は、英国紳士が幼いころから親や教師に「してはならない」と戒《いまし》められたことを全部やるという、自分たちの価値観に泥を塗る認め難い存在なのです。

ご存じのように英国は階級社会で、言葉に始まり衣食住、趣味に至るまで「上流および中流の上」とそれ以外で好みが分かれます。「上流および中流の上」はワインやナッツ、ラグビーなどを好み保守党。それより下の階級はビールやフライドポテト、サッカーを好み労働党。しかし「アメリカ的なものを見下す」という一点においては、両者は完全に意見が一致します。世界一の富と力を握る国へのやっかみもあるでしょうが、本質はアメリカ人の言動が、英国人の規範であり憧れである「紳士道」に抵触するからではないでしょうか。

そして紳士道の規範は、われわれ日本人の伝統である「武士道」とほぼ完全に合致します。日本人にもトランプ嫌いが多い理由はこのあたりにあるのではないか、と私は見ています。

◇人格と政策は別

――納得のお話です。

藤原　ただ誤解してはならないのは、トランプ氏の言動が最悪であり、英国紳士の癇《かん》に障るということと、アメリカ大統領としての評価はまったく別だ、という点です。政治家は人格ではなく政策で価値が決まる、ということです。

たとえばトランプ大統領がいま、中国相手に行なっている乱暴無比で非常識な関税引き上げ策が成功すれば、彼は後世に名を残すアメリカ大統領になるかもしれません。中国が、不当な為替操作による人民元安、中国への進出企業に対する技術移転強要、政府による自国企業への巨額の産業補助金、などの国際ルール違反により世界の製造業を席巻し、その稼いだ金で異常な軍事力増強を行ない、帝国主義的政策を展開しているからです。

もし仮に中国がアメリカとの貿易戦争に敗れ、経済政策の破綻で共産党のメンツが潰れたら、一党独裁体制の終焉につながる可能性もあります。一三億の人口をもつ中国の民主化に成功し、十九世紀的帝国主義を放棄させたら、ドナルド・トランプの名は世界史上に特筆大書されるでしょう。

政治家の評価は人間性と一致しないような気がします。アメリカの歴代大統領のなかでも私が最も評価するのは、ロナルド・レーガンです。カウボーイ的発想というか、愚劣としか思えなかった戦略防衛構想（ＳＤＩ）を掲げ、ソ連と真っ向から対決した大統領は彼ぐらいですから。無教養で取り柄は甘いマスクと愛妻家というだけの男ですが、冷戦を終わらせるという大功績を立てました。

◇中国人とアメリカ人は似ている

――現在のところアメリカと中国の貿易戦争は、互いに譲る気配がありません。一九八〇年代の日米貿易摩擦と比べると、当時の日本は何らやましいところがないにもかかわらず、アメリカに対してどこか遠慮していたようにも感じます。

藤原　そう、アメリカへの報復関税など考えもしませんでした。まさに国民性の違いで、日本人と違って中国人は自分の利益のためなら絶対に主張を曲げません。嘘も平気でつきます。毒ギョーザや、尖閣での巡視船への体当たりのときの大嘘は記憶に新しい。英国で企業を経営する友人女性は中国人相手に必要と、中国人弁護士を雇っています。あるとき、彼女が「中国人は嘘ばかりいうけど、腹が立たないの」と彼に尋ねたら、「中国人は最初から相手が嘘をついていると思っているから、腹が立ちません」と答えたそうです。また話し方ですが、婉曲的な表現はめったに使わず、とにかく声を張り上げて相手を圧倒する。声が大きく、表現が露骨で、自慢をするという点で、中国人はアメリカ人とよく似ています。教養などカネにならず、手段は選ばずに「勝てば官軍」だと思っているところも同じです。

――近親憎悪があるとしたら、米中貿易戦争は根が深いですね。

藤原　一方、日本の武士道の根幹には「卑怯を憎む心」があるから、どんな手段を使っても勝つということはしません。むしろ日本人は英国人と似ている。たとえば、中国や中南米では「汚職」は日常茶飯事です。賄賂の額も、日本の官僚がせいぜい数十万、数百万円なのに対し、中国や中南米は数千万、数億円とケタが違う。

しかし英国の政治家には、汚職の話をほとんど聞きません。先述のように、パブリックスクールで徹底的に紳士の作法を叩き込まれているからです。「君たちは国のリーダーとなる者だが、国民を裏切るようなこと、自分の職業をカネで貶《おとし》めるようなことがあってはならない」。英国のエリートが中・高等教育で学ぶのは伝統的に、第一に古典・文学の教養、第二に数学の論理的思考。そして第三にスポーツを通してのフェア精神（公正・公平）や忍耐です。英国の統治者として庶民の尊敬を集める振る舞いに努め、戦争においては先んじて前線に立って死を厭《いと》わない、という精神（ノブレス・オブリージュ）が身に付いている。

ただし、英国政治家がヘマをしないわけではありません。それは女性問題。臍《へそ》から下は教育ではいかんともし難い。英国でも教養のある人が女性関係で職を失うケースは少なくない。男だからある程度は仕方ない、と国民もあまり問題にしませんが、問題は相手の女性が他国のスパイだった場合です。

たとえば、一九六二年のプロヒューモ事件。保守党マクミラン政権の陸軍大臣プロヒューモ氏が、売春婦のクリスティーン・キーラー嬢（目覚ましい美人）と関係をもちました。ところが、キーラー嬢はなんと敵国ソ連のイワノフ武官とも通じていた。英国議会で大問題になり、軍事機密の漏洩《ろうえい》疑惑事件にまで発展して一九六四年、保守党は選挙に敗れてマクミラン首相は辞任しました。こういったタイプの事件が英国にもときどきあります。エリートたるもの、ハニートラップで弱みを握られて国家に重大な損害を与えるリスクを懸念しなければいけません。私はハニートラップに引っかかる自信があるので大臣にはなりません（誰も頼んできません）。

◆全米オープンテニスで見た観客の野蛮さ

――話をアメリカに戻すと、トランプ氏の高支持率を国内で支えている要因は何なのでしょうか。

藤原　一つはいうまでもなく経済の好調、もう一つの要素は価値観です。よく「オバマ政権で失業した人びとや低賃金労働者などがトランプに票を投じた」といわれます。しかしトランプ氏には一部の中・上流や知識層も投票しています。

では、何がアメリカの中・上流社会をしてトランプ氏を支持させたのか。要因の一つは、ＰＣ（ポリティカル・コレクトネス）です。ＰＣとは容姿や身分、性別、人種、性的指向で差別をしないこと、とされますが、一言でいえば「弱者は正しい」です。本来、強弱と正邪は無関係のはずです。トランプ氏はＰＣの行き過ぎを自らの野卑な言動でぶち壊すことで、大きな共感を得ました。一九八〇年ごろから世界を席巻している行きすぎたPCに、飽き飽きしていたインテリ階級が多くいたのです。PCとは、「必然的に弱者を追い込む」という新自由主義の根本的欠陥を知っていた支配階級が、それを糊塗《こと》するために必要な目くらましだったのです。

日本でもPCは行き過ぎで、私も苦労しました。大学で図書館長をしているとき、図書館に身体障害者用のエレベーターを設けるべき、という議題が出ました。PCにも触れそうで、誰も意見をいおうとしませんでした。仕方なく、私が拒否しました。設置費用が学生用に購入する書籍の一年分だったからです。学生部長をしているときには、中国人研究生が難病で、大学の保健管理センターで治療すべきかが議題となりました。これもPC怖さで、皆が沈黙してしまいました。私は拒否しました。センターで学生や教官に使う一年分の薬と同じ費用が、その学生に必要な高価な薬にかかってしまうからです。勇気のいる判断でした。

ただし、トランプ人気の反動として私が最も恐れるのは、トランプ氏の「率直すぎる暴言」がアメリカ国民一般に及ぼす悪影響です。

たとえば二〇一八年九月、大坂なおみ選手がセリーナ・ウィリアムズ選手を下した全米オープンテニスの決勝戦を見て、愕然としました。

セリーナ・ウィリアムズ選手は見苦しい違反行為を重ねたうえ、ペナルティを科した主審に対し、男性はほとんどペナルティを科されていない、女性差別だと訴えて「泥棒」などの暴言を浴びせた。女性差別というのはセリーナのたんなる間違いです。統計を見れば、過去二十年間の四大大会で警告を受けた選手は八割方、女子ではなく男子だったからです。もし大坂なおみ選手の肌が褐色ではなかったら、おそらく彼女は性差別ではなく「人種差別」を訴えたことでしょう。

むしろ問題なのは、乱心のセリーナの尻馬に乗って、表彰式で心ないブーイングを浴びせた観客です。大坂選手の生涯の晴れ舞台の歓喜を涙に変える、信じ難い愚行でした。私はボルグやマッケンローの時代から幾度となくアメリカでテニスの試合を見ていますが、外国人選手ということでブーイングを行なう光景は記憶にありません。

多様性を掲げる国アメリカで、他国から来た人間を尊重するのは建国以来の精神です。「外国人差別は絶対に許さない」というのが、アメリカ人の矜持だったはずです。ところがトランプ大統領の数々の暴言によって倫理のハードルが下がってしまい、大衆が「ＰＣはなくなった、どんな野卑な言動も許される」と誤解してしまったのではないでしょうか。

◇孤独こそが創造の源である

――アメリカや世界がこのように堕落してしまった背景には、何があるのでしょうか。

藤原　筆頭に挙げられるのが、インターネットと電子書店の拡大による本屋と読書習慣の破壊。そして「カネこそすべて」という新自由主義の蔓延です。

読書習慣の破壊に関し、当事者でもある日本の作家たちは、ペンクラブで反原発にうつつを抜かしている暇があったら、読書の復権に全力を挙げるべきでしょう。ここ二十年間で、本屋が半減していることに愕然とすることが大切です。活字文化の復興イコール祖国日本の復興なのですから。

新自由主義の蔓延に関しては、日本では小泉・竹中構造改革という売国政策の毒がいま、国全体に回っています。小泉政権は郵政民営化で郵貯・簡保を切り分け、アメリカのハゲタカファンドに日本人の預金運用権を売り飛ばしました。そのうえ、さらに国富を外資に明け渡す政策が「構造改革特区」や「国家戦略特区」。加計問題の本質は、特区という、アメリカの強要といってよい新自由主義政策にあります。特区というものを廃止しないかぎり、これからも不祥事が出そうです。しかしメディアは安倍晋三首相の関与という、賄賂がなければほとんど問題のない話を執拗にあげつらい、問題の本質を論じなかった。

国語と読書の大切さを学ばず、子供のころから教室でインターネットや英語漬けにしたら、肝心のコンテンツをつくる日本人は将来、一人もいなくなるでしょう。小学校のあいだはひたすら本を読み、知識と教養の土台を築くしかない。中学・高校になれば科学や歴史も大切になる。したがって小・中・高では携帯・スマートフォンを禁止、少なくとも使用を大幅に制限すべきです。

人間の想像力や創造力の源となるのは「孤独」です。たった一人で自分自身と向き合い、本と向き合うことは、他の行為では替えが利かない。孤独を知らず、毎日スマホのメールを分刻みで確認する生活を送っていたら、沈思黙考のしようがない。孤独なしに情緒の深まることもありません。インターネットやスマホは、若い人びとから思考や深い情緒の成長を奪っているのです。

七、日本は「異常な国」でよい

◆普通の国になってはいけない

――藤原先生の『国家と教養』（新潮新書）は、二〇〇五年刊行のベストセラー『国家の品格』（同）の直系ともいえる内容です。前著から十四年、平成の終わりの世相をご覧になって、何か大きな変化はありますか。

藤原 何も変わっていません。日本人が伝統や国柄を忘れ、「改革」「グローバル化」という名のアメリカ化に踊らされています。当時の状況を憂いて危機感を表明した『国家の品格』の内容がまったく古びていない。この変化のなさに驚き、慄然《りつぜん》としています。

――日本の品格が以前よりさらに落ちた、とはいえませんか。たとえば近年、旅客機の機長が搭乗前に飲酒したうえ、アルコール検査を別のパイロットに受けさせる事件がありました。欧米と比較して考えられない職業倫理の低下だと思うのですが。

藤原　昔は突出して高かった日本のレベルが「世界並み」に近づいてしまった、ということです。

世界では、「法律に違反しなければ何をしてもよい」と考えるのが普通です。欧米のほとんどはそうだし、中国をはじめアジア、アフリカ、中南米などでは「ばれなければ何をしてもよい」と考える人も多い。罰が怖いから嫌々ルールに従っているだけ。欧米では「嘘で他人を騙したり、泥棒や殺人を犯した者は死んで地獄に落ちる」と教会が説くことで、人びとは規則に従う。

ところが日本人は例外で、「他人の目がなくても規則は守って当然」と考える。「お天道様が見ている」という美しい言葉もある。「汚いことはするな」ともいう。世界でも図抜けて自己抑制が利いた国民です。

幕末維新に来日した西欧人は、「日本人は道徳を身に付けて生まれてきたようだ」と記しました。全国津々浦々、百姓から武士に至るまであらゆる階層の国民が、ごく当たり前のように道徳を遵守している。もちろん生まれつき道徳が身に付くはずはないので、ひとえに家庭教育によるものです。日本人はおそらく縄文時代よりはるか昔から、ムラのなかで互いに礼儀を守り、嘘や裏切り、卑怯な行動などをせず、惻隠の情をもって弱者を思いやることを、幼いうちから叩き込まれてきたのでしょう。

自分の損得勘定や欲求を抑えて他者を思いやる行為は一見、無駄や非効率に映ります。しかし、じつは利他の行動こそが回り巡ってお互いの得となり、社会を最も円滑に機能させせることを日本人は本能的に知っていた。たとえば「礼節や惻隠が社会を円滑に動かし、穏やかな社会をつくる」という欧米人には決して感得できない真理、「日本の秘密」を何千年も前に日本人は発見していたのです。

ところが、世界がグローバル化して日本人が欧米の価値観を無自覚・無批判に取り入れているうちに、いままで世界でも図抜けた水準にあった日本の美点や道徳を忘れ、「国のかたち」を薄めてしまった。旅客機の機長の件はそのほんの一つの表れです。

かつて一九九〇年代、小沢一郎氏が「普通の国」論を唱えました。普通というのは

「国際社会において当然とされていることを、当然のこととして自らの責任で行うこと」（『日本改造計画』）だそうです。しかし私にいわせれば、「国際社会において当然とされていること」などをうっかり真似したら、日本の国柄を損ない、国家の品格を落とす一方です。諸外国に合わせてレベルを落とすのではなく、過去の自国の水準に戻さなければならない。日本は普通の国であってはいけない。断固、「異常な国」であり続けるべきなのです。

◆「日本人にまさるものはない」

――では、私たちが参照すべき過去の姿とはどのようなものでしょうか。

藤原　十六世紀に日本へ布教に来たフランシスコ・ザビエルは、日本人を「いままで出会った異教徒のなかで最も優れた国民」と評しました。「異教徒のなかで」というのは気に入らないけれども、本音では自分たち西洋人より日本人のほうがはるかに倫理観が優れている、とザビエル自身も痛感したことでしょう。
ザビエルより一世紀余り遅れて十七世紀に日本を訪れ、長崎の出島で医師を務めたドイツ人のエンゲルベルト・ケンペルは、五代将軍の徳川綱吉に二度も謁見して「非常に英邁な君主である」という印象を記しています。

――たしかに一六〇〇年代に発布した「生類憐れみの令」など、戦後教育では荒唐無稽とされた綱吉の政策が、いまや二十一世紀の「殺処分ゼロ」の先駆けです。

藤原　ケンペルが生まれた一六五一年のドイツは、三十年戦争（一六一八～四八年）の直後でした。プロテスタントとカトリックの抗争に伴う殺し合いによって人口が激減し、国土が荒廃してしまった（ケンペルの叔父は魔女裁判で死刑に処せられました）。
三十年戦争による祖国の荒廃と凋落を目《ま》の当たりにしたケンペルは、争いのない平和な世界を希求しつつ外国への旅に出ます。一六九〇年、最後に辿り着いた日本で、庶民の振る舞いを見て彼は仰天しました。「旅行中、突然の訪問の折りに我々が気づいたのであるが、世界中のいかなる国民でも、礼儀という点で日本人にまさるものはない。のみならず彼らの行状は、身分の低い百姓から最も身分の高い大名に至るまで大変礼儀正しいので、われわれは国全体を礼儀作法を教える高等学校と呼んでもよかろう」と書き残しています。礼節など世界のどこの庶民にもなかった時代に、日本人はいかなる階層の国民もピシッと礼を守っていたのです。

――ケンペルが驚いた日本の礼節、秩序の源はどこにあるのでしょう。

藤原　彼は著書『日本誌』で、日本には二人の統治者がいる、という点を指摘しています。聖職的皇帝である天皇、そして世俗的皇帝の将軍の二人が国を治めることで「権威」と「権力」が分断され、争いのない平和な社会を築いている、という解釈です。

日本の国柄の核心は、ケンペルが指摘したように天皇を戴いていること、すなわち「確固不動の核」があることだけではありません。武士道の伝統もあります。武士道の内実は正直、勇気、慈愛、親孝行や礼節、さらに惻隠の情、もののあわれ、卑怯を憎む心、名誉と恥などです。これらは基本的に縄文期以前からの土着の思想から発展したもので、のちに儒教や禅の影響を受けて理論化され、日本の国柄となりました。大地震、大津波、大噴火、大洪水、大台風など無慈悲な運命に泣かされてきた日本人が、幸せな社会をつくるうえで自然に獲得した思想だと思います。

◇庶民からエリートに至る分厚い教養

――その国柄を日本が少しずつ失ってきたことや、西欧のエリートが二度の世界大戦を防げなかった理由として、藤原先生は『国家と教養』で「教養層のひ弱さ」を挙げています。

藤原　ドイツは十八世紀には三〇〇もの領邦に分裂していたため、一八〇七年にはフランスのナポレオンに侵略され、国土の七割を占めるエルベ川以西を奪われた末、巨額の賠償金を支払わされる屈辱を味わわされました。領邦の寄せ集め軍では、フランスの国軍に歯が立たなかったのです。念願の統一は一八七一年、ようやく数ある領邦の一つ、ビスマルク率いるプロシアによって統一されました。この一八七一年に、日本は廃藩置県や文部省設置などを行ないました。明治維新の日本が制度づくりの参考に西欧を見渡したら、全国の藩を廃し中央政府をつくったばかりの日本と同様、全国の領邦を束ね、統一国家をつくったばかりのプロシアが目に入ったのです。その当時のプロシアは、ヨーロッパの最強国として燦然《さんぜん》と輝いていました。そこで日本は学制も軍制もドイツ（海軍はドイツになかったのでイギリス）の真似をすることになったのです。

ところが、日本が真似した当時のドイツ、なかんずく指導者層としてドイツを見事に運営していた教養市民層には、大きな問題がありました。きわめて有能でしたが、人口一％ほどの彼らが庶民を見下していたことです。国民が二分されてしまっていたのです。古代ギリシアの古典やゲーテやカントなど高尚な文学や哲学以外は学問や文化と認めず、世俗を低く見ていました。十九世紀初めにできたベルリン大学の創設者フンボルトのように、古代ギリシアの「学問・文学・芸術」をひたすら称揚する半面、古代ローマの「政治・経済・工学」の実学を蔑視する考え方がインテリ層のあいだに定着していました。結果、現実世界から遊離した教養層がどんどんひ弱になっていったのです。

わが国では、明治中期に生まれ、大正デモクラシーを担ぎ上げた日本のインテリが、このドイツ教養市民層の崇めた哲学や古典をはじめとする西洋の文物に心酔し、跪拝《きはい》してしまった。それ以降のインテリも同じ轍《てつ》を踏みました。武士道や情緒など「日本の型」をすっかり忘れ、借り物の思想に流され続けることになったのです。現実世界から遊離した教養層は、当然ながら力を失ってきました。日本や西欧の教養人が大戦争を止められなかった最大の原因は、二十世紀になり民主主義が世界の潮流となるなか、教養が現実から遊離した哲学や西洋古典に限られたため、政治を担うこととなった一般国民にまで、教養が広がらなかったことにあります。

日本についていえば、かつてはエリートから庶民に至るまで大衆文化を共有していました。たとえば明治四十四（一九一一）年に創刊された、立川文庫《たつかわぶんこ》と雑誌『講談倶楽部』の果たした役割は大きい。私も子供のころ、父の生家の本棚に立川文庫の講談本が並んでおり、『猿飛佐助』『霧隠才蔵』『真田幸村』『幡随院《ばんずいいん》長兵衛《ちょうべえ》』などを夢中で読みました。講談本の魅力に目覚め、中学一年のときには新たに講談社から出た『講談全集』を一〇冊近くも買って読破しました。父は「本代だけはケチるな」といって、本代ならいくらでもくれました。

江戸時代以来、講談は演芸であり、普段は本を読まない民衆にもわかりやすく、道徳や正義、惻隠の情や卑怯を憎む心を伝える役を担っていました。家庭教育とともに、一般国民に武士道を授ける絶好の機会となったのです。また講談本を読めば語彙が増え、文脈を判断する能力が自ずと身に付いていく。歴史に関する知識も身に付きます。

立川文庫は一時期、歌舞伎や寄席などと並び、生きたテキストとして庶民の精神的土台となってきました。歴史家・文明評論家兼ジャーナリストの徳富蘇峰（一八六三〜一九五七年）は、講談社を「私設文部省」と呼びました。日清・日露の勝利によって列強植民地化の危機を脱し、独立国としての地歩を固め、不平等条約で最後まで残った関税自主権も明治四十四年には取り戻しました。維新以来の大目標を成し遂げてしまった虚脱感、精神的空白を、講談本は補って余りある役目を果たしました。講談社を創業した野間清治の功績は大というべきでしょう。

さらに大正二（一九一三）年、わが郷里・諏訪出身の岩波茂雄が岩波書店をスタートし、和辻哲郎『古寺巡礼』や西田幾多郎『善の研究』など教養主義の名著を次々と発刊しました。

こうして少年向けと一般向け、エリート向けの刊行物が出揃ったことで、庶民から教養層に至るまで広く分厚い教養が行き渡りました。「西欧列強何するものぞ」という日本の精神的国防力の源も、この庶民の教養にあります。

◇世界に説教しなければならない

藤原　ところが、次第にわが国の教養人は文明開化の波とともに流入した洋物に目を奪われ、ついには恐れ入ってしまった。旧制一高（現在の東京大学）寮歌に「栄華の巷低く見て」という庶民蔑視の一節があります。ドイツ教養層に似てきたのです。大正の世が進むにつれ講談本の価値も徐々に忘れ去られてゆき、立川文庫は大正十三（一九二四）年に廃刊の憂き目に遭います。

たしかに、日本における文明開化と富国強兵は必須のものでした。日本がそれらに取り組まなかったら一〇〇パーセント、わが国は白人の植民地になっていたでしょう。

立川文庫の創刊と同じ明治四十四年、夏目漱石は講演「現代日本の開化」でこう語りました。「西欧文明に傾斜する上滑りは悪いからお止しなさいと云うのではない。事実やむをえない、涙を呑んで上滑りに滑って行かなければならない」。

この葛藤が、明治中期生まれ以降の知識人には稀薄なのです。

夏目漱石のいうように、文明開化は涙を呑んで断行しなければならない。漱石をはじめ、森鷗外や幸田露伴、西田幾多郎ほか、明治維新までに生まれた知識人は皆、幼少期から四書（「大学」「中庸」「論語」「孟子」）や五経（「詩経」「書経」「礼記」「易経」「春秋」）を音読していました。鷗外はドイツ留学時、日本人の誰よりもドイツ語を流暢に操り、漢文で日記を書いています。漱石は大学予備門（のちの一高）時代、すでに房総半島への紀行文（「木屑録」）を漢文で記しました。鷗外も漱石も短歌や俳句の名人です。

——国際人・漱石にしてこの嘆きぶり。

藤原　漱石や鷗外は当然、寄席や義太夫、浄瑠璃、歌舞伎など江戸時代からの庶民芸能にも親しんでいます。ところが明治中期以降に生まれたエリートは、あっさりと自国の文化や伝統への愛着を捨てて欧風になびいてしまいました。その挙げ句どうなったかは大正以降、今日までのエリートの無力、無様を見ればわかります。

本物の知識人であれば、「新自由主義は人間を弱肉強食のケダモノに変える愚論」と一蹴すべき局面でしょう。やはり日本は「異常な国」という幹を保つべきであって、情緒や道徳といった「国家の芯」を削り落としてまで、外来のイデオロギーに媚びを売る必要はありません。むしろ世界に対して「あなたたちはいったい何を考えているのか。強者や強国が貧しい者や貧しい国から富を貪り、弱い者いじめをしているだけではないか」と説教しなければならない。

――主座を保て、ということですね。

藤原　確固たる日本人としての根をもたないと、新しい主義主張が海外からやって来るたびに、いとも簡単に圧倒されてしまう。世界を見渡し、右顧左眄《うこさべん》してしまう。根無し草の悲しい運命です。

平たくいえば「日本以外はすべて敵」であり、他国が日本の利益になるよう取り計らってくれることなどありえません。日本国憲法の九条がよく批判されますが、より害悪なのは前文でしょう。「平和を愛する諸国民の公正と信義に信頼して、われらの安全と生存を保持しようと決意した」。わが国以外の、世界のいったいどこにこんな絵空事を信ずる国があるのでしょうか。典型的な欧米的偽善で、こんなものにまで跪《ひざまず》いている有り様です。

さらに外国からのご託宣を真に受けるメディアや、アメリカや中国のエージェントと思しきエコノミストやジャーナリストや官僚がマスコミを通じて日本国民の洗脳にかかっています。小狡《こずる》いことに、彼らは外圧に弱い日本人の国民性を利用して海外に働き掛けたりもする。「規制を撤廃せよ」「○○を自由化せよ」「日本は先の戦争をもっと謙虚に反省すべき」などと語らせる。ＩＭＦ（国際通貨基金）が「日本は財政破綻の恐れがあるから消費税を上げるべき」としばしばいってくるのが、外圧利用の典型です。まともな教養があれば、誰が何のためにいわせているか、気付くものばかりです。

◇フランスにおける剥き出しの人種差別

――『国家と教養』には、日本人の教養を語るうえで見逃せないのは庶民の情緒を育んできた唱歌や童謡、歌謡曲だとあります。

藤原　なかでも日本の童謡の数は、他国を圧倒しているように思われます。「赤とんぼ」「花かげ」「雨」「この道」など、子供のうちに情緒が身に付く数々の名歌があります。情緒は教養の大切な一部ですから、これら童謡がわが国の教養にどれほど寄与してきたか、わかりません。大人が歌う歌謡曲にしても、西欧の歌曲に比べてはるかに情感が深い。

――あまりに思いが深すぎて、中央高速を運転中、「マロニエの木蔭」を大声で歌っていてスピード違反で捕まった本書のエピソードは印象的です（笑）。

藤原　警察大学校での講演や警視総監や警察庁長官との対談までしたのに、何の忖度もしてくれませんでした。五度もパトカーに捕まったのです。山梨県警は仕事熱心すぎる（笑）。

――そういえば、フランスのメディアがカルロス・ゴーン氏の逮捕について「フランスでは経済犯はすぐに釈放する。日本は人権侵害国だ」といっていましたが。

藤原　いっさい耳を貸す必要はありません。内政干渉に負けず日本の検察はよく頑張った、と思います。根には人種差別があるように感じます。

「フランスほど人種差別をする国はヨーロッパにない」という事実は、日本人がパリに行けばすぐわかります。たとえ星付きのホテルやレストランでも、案内される部屋や席、接し方などであからさまな差別を受けます。もちろん、外国人に対する本能的な警戒心は、どの国の国民もゼロではありません。ただし決定的な違いは、パリではそれを「隠さない」ということ。心に抱く負の感情を隠すか、剝《む》き出しにするかで、国民の教養と国家の品格が試される。フランスの少なくともパリは一部のエリート層を除き、アメリカのトランプ大統領のごとく「本音であれば何をいっても構わない」という無教養に陥っています。

それからカルロス・ゴーンについてですが、十年以上前にパリへ行った際、ルノーの女性社員と食事をする機会がありました。彼女は私に「ゴーンは嫌い。私の同僚も皆同じよ。そもそも顔がね」と語りました。「ゴーン ウィズ ザ ウィンド」(Gone with the wind：風と共に去りぬ）となればいいね」といったら、爆笑していました。

むろん一概にはいえないけれども、人間ある程度の年齢を重ねれば、人格が顔に表れるのは否めない。私自身、いかに隠そうとも女たらしが出てしまっている（笑）。

最近、彼女と連絡を取ったら「ずーっと日本で勾留されていたらありがたい」といっていました。結局のところ、ゴーンという人物を見抜けなかった日産自動車の判断ミスであり、さらにいえばフランス人の口達者に惑わされてはいけない、ということです。フランス人は、タクシーの運転手までが「口舌《こうぜつ》の徒《と》」なのです。イギリス人は、フランス人は理屈ばかり、といって嫌っています。マクロン大統領の演説など見てもじつに弁舌爽やかで、善政を期待してみたら、たんなる新自由主義者でした。理屈ばかりで庶民の生活など眼中にないことが世界中に知れ渡りました。なお、フランス政府がゴーンを擁護したのは、ゴーンがルノーと日産の統合を進めようとしていたこと、そしてフランスの国内経済が悪く、失業率も高いので、ルノーを通じた日産および日本市場との縁切りが惜しかったからだと思われます。

◇本に埋もれて死ね

——いままでのインタビューでも何度かお話しいただいた教養と読書についてお聞きします。『国家と教養』の最終章で、ロシアの劇作家アントン・チェーホフの名言を引用されていますね。「書物の新しい頁を一頁、一頁読むごとに、私はより豊かに、より強く、より高くなっていく」。

藤原　人は何歳であっても、良書を読むことで瞬時にもう一段、高い境地に達することができるのです。自らの人生に足りない経験を補い、新しい世界に導いてくれる本の価値を味わうことなしに人生を終えるのは本当にもったいない。寿司もギョーザも食べないで人生を終えるようなものです。

——そういえば高齢者の方のあいだで近年、「終活」「断捨離《だんしゃり》」など身の周りを整理する風潮があります。「もう老い先短いのに、役に立たないモノばかり抱えていても仕方がない」といって、本まで捨ててしまう人がいます。どうご覧になっていますか。

藤原　「役に立たないから捨てる」という発想自体が、欧米式の合理主義に毒された考え方です。何が断捨離か、と申し上げたい。利用価値がないなら捨てるのであれば、若者によって真っ先に捨てられるのは老人ですよ。間違っています。老人が社会にいることに意義がある。高齢者の存在自体が若者に人生を伝え、将来の日本を築く礎となるのです。

国民すべてが不要なものを捨てる、というさもしい合理主義になれば、ノーベル賞の日本人受賞者が将来、一人も出なくなる恐れがあります。役に立たない基礎研究などしなくなるからです。史上初めて自然発生のニュートリノを観測し、二〇〇二年にノーベル賞を受賞した小柴昌俊先生は、ニュートリノの発見は五百年たっても「人間の役に立たないだろう」とおっしゃっていました。基礎科学や理論物理学、そして数学もめったに役立ちません。私が発見した定理も、おそらく何百年も役に立たないでしょう。しかし発見の積み重ねがいつか人類の歴史に貢献するのであって、基礎研究を忘れた国に未来はない。

私は、祖父の本棚にある講談本から人情とユーモアの基礎を学びました。藤原家はもともと武士（最下位の足軽ですが）であり、つねに「理想的な死に方」が頭にあります。私の父は本に囲まれ、死の前日まで執筆しながら人生を終えました。祖父も曾祖父も、本とともに生き、死んでいった。私もまた、同じようにするでしょう。命尽きる最期の一分一秒まで己を高め続け、前のめりに斃《たお》れる。これが人間としての理想の死に方でしょう。「本に埋もれて死ね」がわが家のモットーです。

人間は、いくつになっても読書により向上をめざすべきと思います。数年前の正月でしたが、近所にある真宗の寺の入口にかかった黒板に書かれていた、感動的な言葉を思い出します。「これからがこれまでを決める」。

八、国家を瓦解させる移民政策

◇バランス感覚を失った世界

――『管見妄語』（新潮社）シリーズ最終巻の刊行と十年間の『週刊新潮』ご連載の大団円、大慶に存じます。もともとは山本夏彦先生の「夏彦の写真コラム」を受け継いだ企画だったとか。

藤原　二〇〇二年に山本夏彦翁《おう》が亡くなったあと、すぐに執筆の依頼が来たときは、さすがに怖じ気づきました。なにしろ「三人寄れば文殊の知恵は嘘だ。バカが三人寄れば、三倍バカになる」などの名言を二十三年、記してきた山本翁の後継です。丁重にお断りしました。

ところが七年後、お茶の水女子大学を定年退職する年に再び訪れた女性編集者（中瀬ゆかり氏）から「山本先生が亡くなって七年にもなり、読者も大方忘れていると思います。これからは藤原先生の時代です」とおだてられ、引き受けたのが運の尽きでした。毎週三枚半を書き上げないかぎり、世界のどこにいようと催促の電話、FAXが入る。これでは愛人とエーゲ海クルーズにもカリビアンクルーズにも行けない。女房にそうボヤいたら、「週刊誌連載のせいにするな」といわれる始末。さらに、小説家の岩橋邦枝さん（故人）に「週刊誌の連載を長くするとガンになります。ただし流感（インフルエンザ）には罹《かか》りません」といわれました。そういえば山本翁もガンでした。たしかに十年間、ぜんぜん流感にならないので、そろそろガンになる、と思い、十年で終わらせることにしました（笑）。

山本翁の言葉は、すべて「本質を突く極論」でした。たとえば次のくだりもまさにそう。

「女に参政権はいらないと言えば、さぞかしお怒りだろうが待ってくれ、男にもいらない。制限選挙でたくさんだ」

国民の大半は軽佻浮薄で流されやすいから、全員に参政権など与えたら世の中が滅茶苦茶になってしまう、という本質をユーモアに包んで伝えている。いまなら人類平等に反する差別表現として非難ゴーゴーでしょう。二〇〇二年時点の日本にはまだユーモアを受け容れる土壌があった、ということです。その美風がPC全盛の今日、すっかり失われてしまいました。

私が大学にいたころ、ある女性教授が評議会で「お茶の水女子大は教授の数を男女同数にすべき」と発言し、シーンとしました。デリケートな話で何をいっても批判されそうだからです。しばらくの沈黙ののち、私は勇気を振り絞り「日本の博士課程在籍者は男性が圧倒的だから、男女同数にすれば研究レベルが著しく低下します」と反論しました。白い目で見られました。

自由・平等・公平を突き詰めると世の中、どうなるか。たとえば東京大学の入学試験は、入試における得点のみによって公平に線引きする試験です。ところがその結果、「東大生の親が最も所得が高い」という不公平が生じてしまう。考えれば当然のことで、お金持ちの親は高いお金を払って子供によい教育を受けさせ、その子供が東大に入って出世し、お金を手にしてわが子によい教育を受けさせる、という循環が起きるからです。

イギリスのケンブリッジ大学の入試に携わったとき、地方の公立高校の生徒は有名パブリックスクールの生徒より多少、点数が低くても合格させることを知って、感銘を受けました。不利な教育環境下でそれだけの点を取った潜在能力を評価するという意味で、公平・平等一辺倒の入試より深く多面的に人間を見ています。

――四角四面の世知辛い世になりました。

藤原　批判が怖いので、マニュアルに従う人間ばかりとなりました。自己判断は責任が生ずるので、みな避けようとするのです。ユーモアのない世界になりつつあります。ユーモアを失うというのはイコール「バランス感覚を失う」ことです。ユーモアはたんなる冗談とは違い、自らをいったん局外に置き、事象を俯瞰するバランス感覚がないと生まれません。

バランス感覚の欠如は、日本だけでなく世界的な傾向です。典型的な例がドイツ。たとえばイギリスで大きな書店へ行くと、「humor（ユーモア）」ジャンルの本棚があり、デイビッド・ロッジ、イーブリン・ウォー、トム・シャープなどの本が置いてある。先日はスー・タウンゼントの王室小説『The Queen and I（女王様と私）』を発見しましたが、英国女王とただの庶民である自分を並列させているので、思わず吹き出してしまいました。翻って、ドイツの書店で「ユーモア」の棚を見たことがありません。

政治家も同じで、ドイツには原理原則一辺倒でバランス感覚を欠く人が多い。ヒトラーを挙げるまでもなく、たとえば二〇一五年九月、ドイツのメルケル首相はシリア難民の受け入れを表明しました。「平等は正しい」と決めると、あとは論理で突っ走るドイツ人特有の原理主義に加えて、ナチスのホロコーストに対する過度の贖罪意識が原因です。もちろんユダヤ人を迫害、殺戮《さつりく》した過去を反省するのは大切ですが、反動から「すべての難民を受け入れる」という極論に振れてしまうのが大問題なのです。結果、ドイツ国内にシリア難民が大挙して押し寄せ、急速に治安が悪化しました。移民によるドイツ人女性集団レイプやドイツ人による難民キャンプ放火など悲惨な事件が次々と起き、メルケル首相が方針撤回に至ったのは周知のとおりです。

昨年、十年ぶりにドイツのミュンヘンを訪れたら、まるで別の街に変わり果てていました。以前は勤勉な人びとが行き交う静謐《せいひつ》な街だったのに、駅のそばを歩いていると、移民と思しきジーパン姿の男女が正体をなくしたまま、街路樹の下で倒れている。何事かと見ていると、通りすがりのドイツ人が「麻薬だな」と呟《つぶや》くのが聞こえました。と、崩れた風袋《ふうたい》の中年女性が、英独仏西伊露とは異なる言葉でいきなり私を罵《ののし》りました。

ドイツのメディアは、移民絡みの犯罪や騒動を極力、報じません。ＰＣ至上主義の現代において、移民の犯罪をニュースにすること自体が差別と見なされるからです。同じ傾向は、日本のメディアが罪を犯した中国人、韓国人の実名を伏せたり、国籍に触れないようにするところにも見られます。

◇移民政策は取り返しがつかない

――日本でも二〇一八年、改正出入国管理法が成立しました。いままで「高度プロフェッショナル」の専門職に限られていた枠を広げ、「相当程度の知識または経験を要する技能」をもつ外国人を五年間で最大約三四万人受け入れる、といいます。

藤原　安倍政権は「骨太の方針」に基づき、「高度な人材」に限定されている就労目的の在留資格を「単純労働者」に広げようとしています。何と愚かで取り返しのつかないことをしているのでしょうか。アーノルド・トインビー（イギリスの歴史学者）は「人間は歴史に学ばない生き物である」と述べました。日本はまさに、西欧・北欧の悲劇にまったく学んでいません。

移民受け入れによる外国人の急増は、不可逆的な現象です。理由の第一は、永住権を得た移民はいつか母国に帰るどころか、逆に家族や親戚を呼ぶからです。送還も人道上できません。第二は、アメリカでもヨーロッパでも、移民は受け入れ先の国民より出生率が高いからです。仮に一組の夫婦から三人の子供が誕生するとして、移民先との混血も含めた移民の増加率を計算すると、百年で約一〇倍になります。日本に一〇〇万人の外国人が入ったとすれば、百年後には一〇〇〇万人に増え、さらにその百年後、すなわちいまから二百年後には移民一億人となる。算数の問題です。第三は、制動が効かないことです。移民受け入れに反対するや「差別主義者」という致命的烙印を押されるため、反対論がほとんど出てこないのです。

——外国人が一億人に達したら、現在の日本とはまったく異なる姿の国になりますね。

藤原　実際に移民を受け入れた西欧各国はいま、絶望の淵にあります。京都で会った五人のグループのスウェーデン人たちに「ストックホルムに行ったことがある」といったら、急に表情を強《こわ》ばらせて「いつのことだ?」と聞いてくる。十五年ほど前だと答えたら、安堵と憂鬱がない交ぜの表情を浮かべて「よかった、美しいストックホルムを見てもらって」と。聞けば現在のストックホルムには移民が溢れて治安も乱れ、私が訪れた当時の美しい街の面影はどこにも残っていない、というのです。

――移民は国柄を変えてしまう。

藤原　これが経済政策であれば、失敗してもいつか再び挽回ができます。また、愚かな政府が外交を誤り、国益を損ねたところで、いつかやり直せます。しかし移民政策だけは別です。国の文化や国柄、美風を徹底的に壊し、世代を重ねることで二度と再生できないようにしてしまう。

私はかねて「安倍首相は外交や国防についてはほぼ満点」と申し上げてきました。しかし外敵に対する守りにどれほど長けたとしても、移民受け入れに踏み切ってしまえば、国が内から瓦解します。かつて共産主義者の目論んだ共産革命よりもひどい移民政策を、保守と目されていた安倍氏が、安い労働力が欲しい財界の意向を無邪気に汲んで推進し始めたのです。共産主義になっても、何より大事な国柄は容易に消えません。しかし移民が数千万となったら、天皇制をはじめ日本を日本たらしめている情緒、形、道徳など国柄が溶解してしまいます。安倍政権は保守どころではなく革新、いや、革命政権しかできないことを始めたのです。

◇グローバリズムからの離脱

――それにしてもなぜ、これほど安易に移民が容認されてしまったのでしょう。

藤原　安倍政権が移民の受け入れを決めたのは、深い考えなしに、安い労働力を求める経済界の意向に流された結果と思われます。

経営者は口を開けば少子化による「人手不足」を訴えます。しかし、人口減少に対処するには移民の導入ではなく、まず一人当たりの労働生産性を上げることです。労働生産性とはＧＤＰ（国内総生産）を人口で割ったものです。日本の労働者一時間当たりの生産量すなわち労働生産性は、産業構造の似ているドイツに比べ、三分の二にすぎない。教育レベルや勤労意欲に関し、ドイツよりはるかに質の高い労働者を抱えた日本のこの状態は、国辱といわざるをえません。逆に日本の生産性をドイツ並みに上げれば今後五十年間、人口が減り続けたとしてもドイツの現在の人口約八〇〇〇万人と同じですから、十分にやっていけます。

中小企業の雇用者が全体の七割と高いのも、労働生産性が先進国中最低の原因の一つです。生産性の低い中小企業をいつまでも金融緩和や補助金で延命するのは問題です。一〇名からなる小企業でも経理や営業などの事務員が必要ですが、一〇個をまとめて一〇〇人にしても事務員はさほど増えません。

膨大な内部留保をもつ大企業が、海外ばかりに投資せず、国内、とくに地方に成長産業を興すよう、法人税の大幅優遇などで仕向ければ、余った労働者の受け皿となるはずです。弱い中小企業の淘汰と、新しい成長産業を地方につくることは、同時にしないと失業者が出ますから注意する必要があります。

また、女性社員が一定数以上いる企業には託児所の設置を義務付けること。現在、年収二〇〇万円未満の非正規社員は一〇〇〇万人を超えています。可能なかぎり非正規社員を正規雇用にして結婚、出産ができる環境を整えるべきです。そうすれば少子化が少しずつ解決へ向かいます。

日本企業は数少ない正社員に長時間労働を強い、給与を上げようとせず、全雇用の四割を正規の半分以下の給与で済む非正規にしています。一方で、大企業の内部留保は史上最大の四五〇兆円もある。大企業が社員より株主のほうを向いているからです。土木、建築、介護などに人手が足りないといいますが、給料を倍にしたら、一六〇〇万人の非正規雇用者がいくらでも来ます。移民として単純労働者まで入れるというのは、人件費コストだけのためです。

移民を入れると国内労働者の賃金も下がりますから、消費は絶対に増えません。日本のＧＤＰの六〇％は消費ですから、消費が上がらなければＧＤＰも増えない。したがって国家の税収もほとんど改善されないでしょう。

イギリスでは一九八〇年代、新自由主義者のサッチャー首相が産業から教育まで規制緩和による自由化を進め、社会構造を徹底的に破壊しました。イギリスの一九九〇年代は、サッチャーの蛮行による傷を修復する期間だったともいえるでしょう。いまイギリスがEUから離脱しようとしているのも、ヒト・モノ・カネが国境を越えるEUグローバリズムからの脱却が真の目的です。日本も同様に、グローバリズムからの穏やかなる離脱を試みるべきです。

◇「千思万慮、歳月を積み取捨を」

――令和の時代になっても、日本人の欧米信仰は相変わらずですか。

藤原　まったく変わっていません。開国以来、文明開化で西洋の文物を取り入れているうちにすっかり欧米に感化されてしまい、謙遜を通り越して「日本に自信をもつのは悪」と考えている節すらあります。

安土桃山時代以降に日本を訪れた西洋人がわが国の社会を見て驚いたのは、他のどの国より上の道徳、礼節、謙譲などでした。

『国家と教養』で書いたように、明治二十二（一八八九）年に来日したイギリスの著述家エドウィン・アーノルドは、講演で「日本は地上で天国あるいは極楽に最も近づいている国」と語りました。子供を大事に敬い、庶民に至るまで道徳が染み渡った日本の姿に瞠目《どうもく》し、彼は「天国」という最大級の賛辞を送ったのです。ところが講演翌日の日本の新聞は、イギリス人が日本の近代化ぶりを誉めてくれなかったとばかりに、アーノルドの講演を否定的に報じました。

――明治期からすでにメディアはコンプレックスと謙遜病に侵されていた。

藤原　その一方で、夏目漱石や森鷗外、福澤諭吉など明治の知識人は、日本の美風を忘れて西洋になびくことがどれほど愚かなことか、よく知っていました。

たとえば、私は五十歳のころに『学問のすゝめ』を真面目に読むまで、福澤諭吉を舶来好きな慶應ボーイの頭目程度に思っていました。ところが次のくだりを読んで、まさに目から鱗が落ちました。有名な本ですが、ほとんど知られていない箇所です。

「東西の人民、風俗を別にして情意をことにし、数千百年の久しき、各その国土に行なわれたる習慣は、たとい利害の明らかなるものといえども、とみにこれを彼に取ってこれに移すべからず、いわんやその利害いまだ詳《つまび》らかならざるものにおいてをや。これを採用せんとするには、千思万慮、歳月を積み、ようやくその性質を明らかにして取捨を判断せざるべからず。

然《しか》るに近日、世上の有様を見るに、いやしくも中人以上の改革者流、あるいは開化先生と称する輩《やから》は、口を開けば西洋文明の美を称し、一人これを唱うれば万人これに和し、およそ知識道徳の教えより治国、経済、衣食住の細事に至るまでも、悉《しっ》皆《かい》西洋の風を慕うてこれにならわんとせざるものなし。あるいはいまだ西洋の事情につき、その一斑をも知らざる者にても、ひたすら旧物を廃棄してただ新をこれ求むるものの如し。何ぞやそれ、事物を信ずるの軽々にして、またこれを疑うの疎忽《そこつ》なるや」

（『学問のすゝめ』「事物を疑て取捨を断ずる事」文憲堂七星社）

――驚きました。無批判に西洋文明を称える「改革者流」「開化先生」のような軽々しい輩になってはいけない、と。

藤原　現代でもそのまま通ずる教えです。移民の受け入れやPCなど、グローバリズムの波に乗って流れてくる流行《はや》りの思潮はよくよく思慮して取捨選択せよ、ということです。PCとは、グローバリズムの推進者たち、すなわち多国籍企業やそれを支える政・官・財、それにべったりの御用学者、評論家、メディアなどが、裏で弱者を大量に生産しながら、それを糊塗するために弱者への配慮を唱える言葉にすぎません。実際、グローバリズムの進展とともに、中産階級はおおかた下層階級に変わってしまいました。現在、世界の富の四四%は上位〇・九%の人びとに握られているのです。大雑把にいうと、上位一%が国富の半分を握っているのです。「惻隠の情」という武士道の伝統をもつ日本こそ、真に弱者をいたわる国です。グローバリズムを終焉させる先導的役割を、日本こそが果たすべきです。

◇日本民族は人類を救う

――弱者に対する惻隠の情、思いやりは人間性の根幹ですね。

藤原　たとえば、多変数解析函数論で「世界の三大問題」といわれたものをたった一人で解決してしまった天才数学者・岡潔先生は、著書『春宵十話《しゅんしょうじゅうわ》』で次のように述べています。

「戦後、義務教育は延長されたのに女性の初潮は平均して戦前より三年も早くなっているという。これは大変なことではあるまいか。人間性をおさえて動物性を伸ばした結果にほかならないという気がする。（中略）成熟が三年も早くなったのは、人の人たるゆえんのところを育てるのをおろそかにしたからではあるまいか。ではその人たるゆえんはどこにあるのか。私は一にこれは人間の思いやりの感情にあると思う」

（『春宵十話』角川文庫）

右の記述は天才の直感によるもので、科学的に見れば初潮のくだりには疑問がありますす。戦後の栄養改善などもあるはずです。なにしろ彼は、頭脳への衝撃がないからといつも長靴を履いていて、革靴を履いたのは皇居での文化勲章の授章式ぐらいだった、という逸話もある人です。しかし、着眼点は鋭い。岡先生の頭の中にあったのは「思いやりをなくしたら人類は滅んでしまう」という強い危機感です。

――まさに藤原先生と同じく「世の動きに対するたまらない想い」（『失われた美風』）が表出した言葉ですね。

藤原　偉大な岡先生と私を比べないでください。さらに岡先生は、著作や講演で「日本民族は人類を滅亡から救う」「西洋文明の代りに日本文明を起こそう」と繰り返し述べています。

――右翼の演説ですね（笑）。

藤原　大学生だった私もそう思いました。でも近ごろはなぜ彼があのようなことを訴えたのか、わかる気がします。世界が「人の人たるゆえん」である惻隠の情を失い、バランス感覚を喪失するなかで、ひとり日本の武士道精神だけが屹立している。これが世界の現状です。

岡先生は、数学を研究する前に松尾芭蕉の俳諧や本居宣長の「もののあはれ」を探究しました。そしてフランスへ留学したとき、日本文化に比べれば、フランス文化など「高い山から谷底見れば　瓜や茄子《なすび》の花ざかり」（民謡「高い山」）との心境に到達した、と書いておられます。そのうえで数学研究に取り組み、前述の世界三大問題を解いたわけです。

したがってわれわれは、日本民族の誇りを捨てて西洋の文物に易々《やすやす》と恐れ入ってしまってはいけません。むしろ日本の美風を人類の牙城として守らなければ、世界が総崩れになってしまう。

日本は道徳、教育、文化、科学、芸術において紛れもなく世界のフロントランナーです。ただし、先頭を走る者にはつねに孤独が伴います。何周遅れかで前に見えるランナーに目を奪われてはいけません。「失われた美風」の再建に全力を挙げるべきなのです。

◇「現代の政局をどう思う?」

——そのためには、藤原先生が日ごろからおっしゃる「まず読書」。

藤原　日本の最大の強みは、伝統的に庶民に至る分厚い教養層です。そして教養を培うには読書以外にない。

——その象徴が、前掲書に登場する藤原先生のお母さまの故郷・信州(長野県)の初郎さん。中央線茅野《ちの》駅から一二キロも山に入った寒村で田畑と養蚕を手掛け、炭を焼いて暮らしているけれど、じつはアララギ派の歌人で、無教会派のキリスト教徒という超インテリだった。

藤原　母の又いとこですが、炭焼き帰りに私が勉強している山小屋へ寄ってくれ、炭で汚れた手帳に書かれた短歌を見せてくれたりしました。息子二人は私の幼友だちで、二人とも京大へ進みました。昔、扇谷《おうぎや》正造《しょうぞう》（昭和期の評論家・ジャーナリスト）さんが諏訪の講演で宿に泊まったら、風呂焚きばあさんが『文藝春秋』を読んでいて驚いた、という話があります。

私も大学一年生のとき、上諏訪駅から父方の祖父母の住む村への四キロの山道を登っていたら、田んぼの中から声が聞こえてくる。見ると、お爺さんが「やい、どけー行くだ」というので「おじいちゃんとこ行く」と答えると、「ヒコ（彦）さへ行くだか」という。祖父は藤原彦といい、学者顔で私と似ていませんでしたが、残念ながら私は田吾作顔の父と似ていたのです。「そうです」。すると、泥んこ顔で「おめえが今度、東大に入ったたっちゅう小僧か。現代の政局をどう思う？」（笑）。

――まったく気が抜けませんね（笑）。

藤原　諏訪には至るところにインテリが隠れていて、講演でつまらない話をすると

「つまらなかった」「もっと本質的な話をしてください」などといってくる土地柄です。父の生家は農業をしていましたが、長い廊下の上の壁はすべて本棚となっていました。父は兄妹たちと競って読んでいたそうです。大事な本は蔵の中です。曾祖父も祖父も父も、本に埋まるように死んでいきました。藤原家の理想の死に方です。

それを女房に話したら、静岡にある女房の母親の生家にも大きな本棚があり、祖父は「本を一日に一ページも読まないやつはケダモノと同じだ」と日ごろからいっていたそうです。昔から日本中に数えきれないほどこういう家があったからこそ、日本が他国とはまったく違う、卓越した民度の国になったのではないでしょうか。

【初出一覧】

『Voice』（PHP研究所）

「国語力なくして国力なし」（原題「国語力こそ国力である」）二〇〇四年六月号

「読解力急落、ただ一つの理由」二〇二〇年二月号

「読書こそ国防である」二〇一七年三月号

「町の書店がなぜ大切か」二〇一七年十一月号

「デジタル本は記憶に残らない」二〇一八年五月号

「本を読まない『日本の反面教師』トランプ」（原題「日本の反面教師トランプ」）二〇一八年十一月号

「日本は『異常な国』でよい」二〇一九年三月号

「国家を瓦解させる移民政策」二〇一九年八月号

PHP新書

PHP INTERFACE
https://www.php.co.jp/

藤原正彦［ふじわら・まさひこ］

お茶の水女子大学名誉教授・数学者。1943(昭和18)年、旧満洲・新京生まれ。東京大学理学部数学科大学院修士課程修了。理学博士(東京大学)。78年、数学者の視点から眺めた清新な留学記『若き数学者のアメリカ』で日本エッセイスト・クラブ賞を受賞、ユーモアと知性に根ざした独自の随筆スタイルを確立する。新田次郎と藤原ていの次男。著書に『名著講義』(文藝春秋読者賞受賞、文春文庫)、『孤愁 サウダーデ』(新田次郎との共著、ロドリゲス通事賞受賞、同前)、ベストセラー『国家の品格』『国家と教養』(以上、新潮新書)などがある。

本屋を守れ

読書とは国力

(PHP新書 1219)

二〇二〇年三月二十六日　第一版第一刷

著者——藤原正彦
発行者——後藤淳一
発行所——株式会社PHP研究所
東京本部——〒135-8137 江東区豊洲5-6-52
第一制作部PHP新書課 ☎03-3520-9615(編集)
普及部 ☎03-3520-9630(販売)
京都本部——〒601-8411 京都市南区西九条北ノ内町11
組版——有限会社メディアネット
装幀者——芦澤泰偉＋児崎雅淑
印刷所
製本所——図書印刷株式会社

ISBN978-4-569-84665-1

ＰＨＰ新書刊行にあたって

「繁栄を通じて平和と幸福を」（PEACE and HAPPINESS through PROSPERITY）の願いのもと、ＰＨＰ研究所が創設されて今年で五十周年を迎えます。その歩みは、日本人が先の戦争を乗り越え、並々ならぬ努力を続けて、今日の繁栄を築き上げてきた軌跡に重なります。

しかし、平和で豊かな生活を手にした現在、多くの日本人は、自分が何のために生きているのか、どのように生きていきたいのかを、見失いつつあるように思われます。そして、その間にも、日本国内や世界のみならず地球規模での大きな変化が日々生起し、解決すべき問題となって私たちのもとに押し寄せてきます。

このような時代に人生の確かな価値を見出し、生きる喜びに満ちあふれた社会を実現するために、いま何が求められているのでしょうか。それは、先達が培ってきた知恵を紡ぎ直すこと、その上で自分たち一人一人がおかれた現実と進むべき未来について丹念に考えていくこと以外にはありません。

その営みは、単なる知識に終わらない深い思索へ、そしてよく生きるための哲学への旅でもあります。弊所が創設五十周年を迎えましたのを機に、ＰＨＰ新書を創刊し、この新たな旅を読者と共に歩んでいきたいと思っています。多くの読者の共感と支援を心よりお願いいたします。

一九九六年十月

ＰＨＰ研究所

PHP新書

［政治・外交］

1076 日本人として知っておきたい「世界激変」の行方　中西輝政
1082 日本の政治報道はなぜ「嘘八百」なのか　潮 匡人
1083 なぜローマ法王は世界を動かせるのか　徳安 茂
1089 イスラム唯一の希望の国 日本　宮田 律
1090 返還交渉 沖縄・北方領土の「光と影」　東郷和彦
1122 強硬外交を反省する中国　宮本雄二
1124 チベット 自由への闘い　櫻井よしこ
1135 リベラルの毒に侵された日米の憂鬱　ケント・ギルバート
1137 「官僚とマスコミ」は嘘ばかり　髙橋洋一
1153 日本転覆テロの怖すぎる手口　兵頭二十八
1155 中国人民解放軍　茅原郁生
1157 二〇二五年、日中企業格差　近藤大介
1163 AI監視社会・中国の恐怖　宮崎正弘
1169 韓国壊乱　櫻井よしこ／洪 熒
1180 プーチン幻想　グレンコ・アンドリー
1188 シミュレーション日本降伏　北村 淳
1189 ウイグル人に何が起きているのか　福島香織
1196 イギリスの失敗　岡部 伸
1208 アメリカ 情報・文化支配の終焉　石澤靖治
1212 メディアが絶対に知らない2020年の米国と日本　渡瀬裕哉

［歴史］

061 なぜ国家は衰亡するのか　中西輝政
286 歴史学ってなんだ？　小田中直樹
505 旧皇族が語る天皇の日本史　竹田恒泰
591 対論・異色昭和史　鶴見俊輔／上坂冬子
663 日本人として知っておきたい近代史［明治篇］　中西輝政
734 謎解き「張作霖爆殺事件」　加藤康男
738 アメリカが畏怖した日本　渡部昇一
748 詳説〈統帥綱領〉　柘植久慶
755 日本人はなぜ日本のことを知らないのか　竹田恒泰
761 真田三代　平山 優
776 はじめてのノモンハン事件　森山康平
784 日本古代史を科学する　中田 力
791 『古事記』と壬申の乱　関 裕二
848 院政とは何だったか　岡野友彦
865 徳川某重大事件　徳川宗英
903 アジアを救った近代日本史講義　渡辺利夫
922 木材・石炭・シェールガス　石井 彰
943 科学者が読み解く日本建国史　中田 力
968 古代史の謎は「海路」で解ける　長野正孝
1001 日中関係史　岡本隆司
1012 古代史の謎は「鉄」で解ける　長野正孝

1015 徳川がみた「真田丸の真相」 徳川宗英
1028 歴史の謎は透視技術「ミュオグラフィ」で解ける
田中宏幸／大城道則
1037 なぜ二宮尊徳に学ぶ人は成功するのか 松沢成文
1057 なぜ会津は希代の雄藩になったか 中村彰彦
1061 江戸はスゴイ 堀口茉純
1064 真田信之 父の知略に勝《まさ》った決断力 平山 優
1071 国際法で読み解く世界史の真実 倉山 満
1074 龍馬の「八策」 松浦光修
1075 誰が天照大神を女神に変えたのか 武光 誠
1077 三笠宮と東條英機暗殺計画 加藤康男
1085 新渡戸稲造はなぜ『武士道』を書いたのか 草原克豪
1086 日本にしかない「商いの心」の謎を解く 呉 善花
1096 名刀に挑む 松田次泰
1097 戦国武将の病《やまい》が歴史を動かした 若林利光
1104 一九四五 占守島の真実 相原秀起
1107 ついに「愛国心」のタブーから解き放たれる日本人
ケント・ギルバート
1108 コミンテルンの謀略と日本の敗戦 江崎道朗
1111 北条氏康 関東に王道楽土を築いた男 伊東 潤／板嶋常明
1115 古代の技術を知れば、『日本書紀』の謎が解ける
長野正孝
1116 国際法で読み解く戦後史の真実 倉山 満
1118 歴史の勉強法 山本博文
1121 明治維新で変わらなかった日本の核心
猪瀬直樹／磯田道史
1123 天皇は本当にただの象徴に堕ちたのか 竹田恒泰
1129 物流は世界史をどう変えたのか 玉木俊明
1130 なぜ日本だけが中国の呪縛から逃れられたのか 石 平
1138 吉原はスゴイ 堀口茉純
1141 福沢諭吉 しなやかな日本精神 小浜逸郎
1142 卑弥呼以前の倭国五〇〇年 大平 裕
1152 日本占領と「敗戦革命」の危機 江崎道朗
1160 明治天皇の世界史 倉山 満
1167 吉田松陰『孫子評註』を読む 森田吉彦
1168 特攻 知られざる内幕 戸髙一成［編］
1176 「縄文」の新常識を知れば 日本の謎が解ける
関 裕二
1177 「親日派」朝鮮人 消された歴史 拳骨拓史
1178 歌舞伎はスゴイ 堀口茉純
1181 日本の民主主義はなぜ世界一長く続いているのか
竹田恒泰
1185 戦略で読み解く日本合戦史 海上知明
1192 中国をつくった12人の悪党たち 石 平

1194 太平洋戦争の新常識　歴史街道編集部［編］
1197 朝鮮戦争と日本・台湾「侵略」工作　江崎道朗
1199 関ヶ原合戦は「作り話」だったのか　渡邊大門
1206 ウェストファリア体制　倉山　満
1207 本物の武士道とは何か　菅野覚明
1209 満洲事変　宮田昌明
1210 日本の心をつくった12人　石　平

［**文学・芸術**］

258 「芸術力」の磨きかた　林　望
343 ドラえもん学　横山泰行
415 本の読み方 スロー・リーディングの実践　平野啓一郎
421 「近代日本文学」の誕生　坪内祐三
497 すべては音楽から生まれる　茂木健一郎
519 團十郎の歌舞伎案内　市川團十郎
578 心と響き合う読書案内　小川洋子
581 ファッションから名画を読む　深井晃子
588 小説の読み方　平野啓一郎
731 フランス的クラシック生活
ルネ・マルタン［著］／高野麻衣［解説］
781 チャイコフスキーがなぜか好き　亀山郁夫
820 心に訊《き》く音楽、心に効く音楽　高橋幸宏
843 仲代達矢が語る 日本映画黄金時代　春日太一
905 美　福原義春
913 源静香は野比のび太と結婚するしかなかったのか　中川右介
916 乙女の絵画案内　和田彩花
949 肖像画で読み解くイギリス史　齊藤貴子
951 棒を振る人生　佐渡　裕
959 うるわしき戦後日本
ドナルド・キーン／堤　清二（辻井　喬）［著］
1009 アートは資本主義の行方を予言する　山本豊津
1021 至高の音楽　百田尚樹
1030 ジャズとエロス　牧山純子
1035 モネとジャポニスム　平松礼二
1038 山本周五郎で生きる悦びを知る　福田和也
1052 生きてるぜ！ ロックスターの健康長寿力　大森庸雄
1103 倍賞千恵子の現場　倍賞千恵子
1109 超・戦略的！ 作家デビューマニュアル　五十嵐貴久
1126 大量生産品のデザイン論　佐藤　卓
1145 美貌のひと　中野京子
1165 《受胎告知》絵画でみるマリア信仰　高階秀爾
1191 名画という迷宮　木村泰司